Die blumigen 60er

MINIROCK UND FLOWER-POWER

Karolin Küntzel

compact via ist ein Imprint der Compact Verlag GmbH

© Compact Verlag GmbH, München
Ausgabe 2012

Text: Karolin Küntzel
Chefredaktion: Evelyn Boos
Redaktion: Gesa Scheziat, Tanja Greiner
Produktion: Johannes Buchmann
Abbildungen: siehe Bildnachweis S. 128
Titelabbildungen: dpa Picure-Alliance, Frankfurt (Twiggy);
fotolia.com: Boca (Motorroller),
Tetastock (Käfer), THesIMPLIFY (Hintergrundmuster);
iStockphoto.com: mgkaya (Fernseher)
Gestaltung: h3a GmbH, München
Umschlaggestaltung: h3a GmbH, München
Druckvorstufe und Satz: Simkraft, Mumbai | www.simkraft.com

ISBN 978-3-8174-8899-5
381748899

www.compactverlag.de

VON:

FÜR:

INHALTSVERZEICHNIS

MUSIK

Die Musik der 60er-Jahre zeichnete sich besonders durch ihre Vielfältigkeit aus. Der King of Rock 'n' Roll, Elvis Presley, eroberte mit seinen Songs die Charts, Blues- und Soulstücke lebten durch Künstlerinnen wie Aretha Franklin oder Diana Ross wieder auf. Zu Beginn der 60er sorgte der Twist als Song und als Tanz für Furore. Aus San Francisco kam der Surfer-Sound der Beach Boys, aus England der Beat und die Beatles. Sie füllten Konzerthallen und brachten die Mädchen zum Kreischen. Ab Mitte der 60er-Jahre war die Beatlemania in vollem Gange und ließ sich auch durch den deutsch gesungenen Rock von Peter Kraus und Ted Herold nicht mehr aufhalten. Den Gegenpart zu den braven Liverpooler Jungs und ihrer Musik bildeten Bands wie die Rolling Stones, The Who, Status Quo oder Led Zeppelin. Sie spielten laut, aggressiv und hatten so gar nichts mehr gemeinsam mit der heilen Schlagerwelt einer Caterina Valente, Mireille Mathieu oder eines Peter Alexander.

01 Wer war in den 60ern Schlag-zeuger bei *The Who*, die auch als „Radau-Combo" bezeich-net wurden?

a) Zak Starkey
b) Pete Townshend
c) Roger Daltrey
d) Keith Moon

02 Von wem stammte der Song *Black Magic Woman* ursprüng-lich, der später durch Carlos Santana berühmt wurde?

a) Fleetwood Mac
b) Jimi Hendrix
c) Vanilla Fudge
d) George Harrison

03 The Beach Boys brachten 1966 ein Album heraus, auf dem u. a. klappernde Löffel und Fahrradklingeln zum Einsatz kamen. Wie hieß es?

a) *Surfin' U. S. A.*
b) *Pet Sounds*
c) *All summer long*
d) *Wild honey*

Das Logo der Rolling Stones, die rote Zunge, gibt es seit 1971. Sie zierte zuerst die Innenhülle des Albums *Sticky Fingers*.

04 Wer schrieb 1965 den Song mit dem Titel *Like a Rolling Stone*?

a) Bob Dylan
b) Jimi Hendrix
c) John Lennon
d) Keith Richards

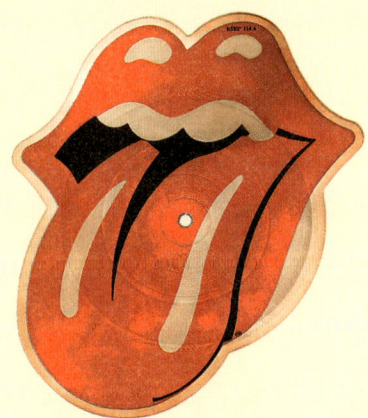

Bildschallplatte der Rolling Stones

05 **Von wem wurde die Band The Doors gegründet?**

a) John Densmore und Robby Krieger
b) Sonny und Cher
c) Ian Astbury und Steward Copeland
d) Jim Morrison und Ray Manzarek

06 **Welches Lied wurde in der Version von Joe Cocker zum Riesenhit?**

a) *With a little help from my friends*
b) *You are so beautiful*
c) *Unchain my heart*
d) *She is my Lady*

07 **Wer schrieb die Musik zu dem Film *Alices Restaurant*, der als melancholische Hymne auf die Hippies bezeichnet wurde?**

a) Simon and Garfunkel
b) Woody Guthrie
c) Arlo Guthrie
d) Pete Seeger

Das Woodstock Music and Art Festival fand nicht in Woodstock, sondern auf einem Farmgelände in White Lake bei Bethel im Bundesstaat New York statt.

08 **Ein Lied für *Mama* machte ihn zum Star. Wie hieß der Sänger?**

a) Heino
b) Heintje
c) Peter Alexander
d) Henry Valentino

09 Welcher Club wurde durch den Auftritt der „Pilzköpfe" weltberühmt?

a) Wag Club
b) The Club
c) Indra Club
d) Star Club

10 Wer sang 1960 als Erste *Ein Schiff wird kommen* und machte den Song zum häufig gecoverten Hit?

a) Caterina Valente
b) Lale Andersen
c) Dalida
d) Melina Mercouri

11 Freddy Quinn machte sich einen Namen durch das Singen von ...?

a) Wanderliedern
b) Seemannsliedern
c) Liebesliedern
d) Kinderliedern

12 Welcher Song ist von Manfred Mann?

a) *Yeah Yeah Yeah*
b) *Yeh Yeh*
c) *Do Wah Diddy Diddy*
d) *Mmh mmh mmh mmh*

13 Wie hieß das erste veröffentlichte Album der Beatles?

a) *Abbey Road*
b) *Help!*
c) *Please please me*
d) *Rubber Soul*

14 Der Musiker John Coltrane starb 1967. Welches Instrument spielte er?

a) Gitarre
b) Saxofon
c) Klavier
d) Schlagzeug

15 Wer schrieb die Filmmusik zu *Spiel mir das Lied vom Tod*?

a) Ennio Morricone
b) Bernard Herrmann
c) Alex North
d) Elmer Bernstein

16 Wer eroberte mit *The Twist* die deutschen Charts?

a) Quincy Jones
b) The Hollies
c) Ted Herold
d) Chubby Checker

17 Welcher Rock-'n'-Roll-Star verkaufte ausgerechnet mit einem Walzer die meisten Singles seiner Laufbahn?

a) Peter Kraus
b) Peter Maffay
c) Peter Alexander
d) Peter Rubin

18 Ab 1963 ließ sich Musik mitnehmen. Durch welche Erfindung wurde dies möglich?

a) Tonband
b) Kassettengerät
c) CD-Player
d) Gettoblaster

19 Welcher Song spiegelte das Lebensgefühl einer ganzen Generation wider?

a) *I can get no satisfaction*
b) *Sunny afternoon*
c) *The first cut is the deepest*
d) *Sweet Caroline*

20 Welche Beatband löste sich 1966 unter dem Druck der DDR-Führung auf?

a) Karat
b) Sputniks
c) Silly
d) Puhdys

21 Wen betitelte die Presse als „Höhlenmenschenquintett"?

a) The Who
b) The Jackson Brothers
c) The Rolling Stones
d) The Mamas and the Papas

22 Welche Top-Band trat nicht auf dem Festival in Woodstock auf?

a) Santana
b) The Who
c) Led Zeppelin
d) Crosby, Stills, Nash and Young

23 Wie hieß die Jugendsendung im deutschen Fernsehen, die ihre erwachsenen Zuschauer vor Beginn der Ausstrahlung um Verständnis für die laute Musik bat?

a) *Elf 99*
b) *Beat-Club*
c) *ZDF Hitparade*
d) *Disco*

FILM UND FERNSEHEN

Die 60er waren die Zeit der Genre-Filme. Western, Agenten- und Horrorfilme ersetzten nach und nach die seichten Komödien der 50er-Jahre. Es wurde geritten. Nicht nur in unzähligen Karl-May-Verfilmungen, sondern auch in den zunehmend produzierten Italo-Western. *Winnetou* und *Spiel mir das Lied vom Tod* sorgten für volle Kinosäle. James Bond rettete die Welt, Miss Marple ermittelte, und der Vorspann zu den deutschen Edgar-Wallace-Verfilmungen begann immer mit den Worten: „Hier spricht Edgar Wallace …" Die ersten Aufklärungsfilme sorgten für starken Zulauf, *Psycho* und *Rosemaries Baby* für angenehmes Grauen. Godard und Truffaut schufen Meisterwerke. Das Fernsehen wurde farbig, und es liefen amerikanische Westernserien wie *Rauchende Colts* oder *Bonanza*. Tiere waren die Stars in *Flipper*, *Lassie* und *Ein Herz für Tier*e. Krimis und Science-Fiction-Serien wurden zu Straßenfegern. *Stahlnetz*, *Kommissar Maigret* und *Raumpatrouille Orion* fesselten die Erwachsenen. Für Kinder gab es *Die Kinder von Bullerbü, Daktari* oder *Jim Knopf und Lukas der Lokomotivführer*.

24 **Wer war der Regisseur des Filmklassikers *2001 – Odyssee im Weltraum*?**

a) Alfred Hitchcock
b) Stanley Kubrick
c) Louis Malle
d) Robert Altman

Szene aus dem Science-Fiction-Kultfilm *2001 – Odyssee im Weltraum*

25 **Der Historienfilm *Cleopatra* kam 1963 in die Kinos. Welches Filmpaar spielte die Hauptrollen?**

a) Bud Cort und Ruth Gordon
b) Natalie Wood und Robert Wagner
c) Sophia Loren und Jack Lemmon
d) Elizabeth Taylor und Richard Burton

26 **Der Film *Helga* war ein …?**

a) Aufklärungsfilm
b) Tierfilm
c) Actionfilm
d) Kinderfilm

27 **Wer war der Regisseur des Kultfilms *Easy Rider*?**

a) John Ford
b) Peter Fonda
c) Dennis Hopper
d) Arthur Penn

Das Genre Italo-Western wurde 1965 vom Regisseur Sergio Leone etabliert. Man nannte die Filme auch „Spaghetti-Western".

28 Karl-May-Verfilmungen sorgten in den 60ern für volle Kinos. Wer spielte den *Winnetou*?

a) Erol Sander
b) Pierre Brice
c) Gojko Mitić
d) Lex Barker

29 Wer verkörperte die Hauptrolle in *Alexis Sorbas*?

a) Anthony Quinn
b) James Gregory
c) Ryan O'Neal
d) Gary Cooper

30 Miss Marple stand in einigen Filmen ein hilfreicher Freund zur Seite. Sein Filmname ist ...?

a) Mr. Stringer
b) Mr. Stricker
c) Mr. Strout
d) Mr. Streight

Szene aus dem Film *Mörder Ahoi*

31 In welcher Sendung bekam man Tipps für den Straßenverkehr?

a) *Auto, Motor, Sport*
b) *Stop, Polizei!*
c) *Der 7. Sinn*
d) *Auto und Verkehr*

32 Wer spielte den trotteligen Kommissar Inspector Clouseau im Film *Der rosarote Panther*?

a) Louis de Funès
b) Pierre Richard
c) David Niven
d) Peter Sellers

33 *Die Reifeprüfung sorgte für Furore. Wer brillierte in der männlichen Hauptrolle?*

a) Jack Lemmon
b) Dustin Hoffman
c) Clint Eastwood
d) Warren Beatty

34 *Wie hieß der Regisseur des französischen Films Jules und Jim?*

a) Louis Malle
b) Sergio Leone
c) Luchino Visconti
d) François Truffaut

Die Anzahl der Fernsehprogramme war überschaubar, und es gab noch keine Fernbedienungen für den Fernseher.

35 *Welchen Filmnamen hatte Audrey Hepburn im Filmklassiker Frühstück bei Tiffany?*

a) Polly Gobrightly
b) Holly Golightly
c) Dolly Godfella
d) Molly Gomighty

36 *Welcher Film thematisierte den Rassismus in den Südstaaten der USA?*

a) *Wer die Nachtigall stört*
b) *Die Katze auf dem heißen Blechdach*
c) *Der Hund von Baskerville*
d) *Die Vögel*

37 James Bond wurde zum neuen Filmhelden. Wer war der erste Schauspieler in dieser Rolle?

a) Roger Moore
b) Sean Connery
c) George Lazenby
d) Timothy Dalton

38 Welcher Schauspieler schlüpfte in die Rolle des *Doktor Schiwago*?

a) Robert Wagner
b) Rod Steiger
c) Omar Sharif
d) Alec Guinness

39 Wie hieß die Sendung, die Karl-Eduard von Schnitzler im DDR-Fernsehen präsentierte?

a) *Ein Kessel Buntes*
b) *Zum blauen Bock*
c) *Der schwarze Kanal*
d) *Zum weißen Rössl*

40 Emma Peel und John Steed lösten ihre Fälle stets ...?

a) mit Zylinderhut
b) mit Schirm, Charme und Melone
c) mit Humor
d) mit Fantasie

41 In welcher Western-Serie war Ben Cartwright das Familienoberhaupt?

a) *Bonanza*
b) *Geächtet*
c) *Die Texas Rangers*
d) *Rauchende Colts*

42 Welcher mehrteilige Krimi fegte 1962 die Straßen leer?

a) Das Kopftuch
b) Das Halstuch
c) Die Mütze
d) Der Hut

43 Welcher Hund bekam auf dem Hollywood Walk of Fame einen Stern?

a) Strolch
b) Rex
c) Struppi
d) Lassie

44 1962 starb Marilyn Monroe. Wie lautete ihr richtiger Name?

45 Wie kam die Schauspielerin Sharon Tate ums Leben?

46 In welchem Jahr wurde das Fernsehen in der Bundesrepublik farbig?

a) 1961
b) 1967
c) 1969
d) 1963

Zum Sendeschluss wurde ein Testbild gesendet.

47 Welchen Namen trug die Artistenfamilie aus dem Film *Salto Mortale*?

a) Doria
b) Dario
c) Daltons
d) Dorsa

Die ARD sendete von 1967–72 *Cartoon*, die erste Loriot-Fernsehserie im Abendprogramm.

48 Wie hieß die erste deutsche Sciene-Fiction-Serie?

a) *Solaris*
b) *Raumstation Sirius*
c) *Raumschiff Enterprise*
d) *Raumpatrouille Orion*

49 Wer spielte in mehreren Edgar-Wallace-Verfilmungen die Hauptrolle?

a) Horst Buchholz
b) Hardy Krüger
c) Joachim Fuchsberger
d) Heinz Drache

50 *Ein Platz für Tiere* wurde moderiert von ...?

a) Peter Frankenfeld
b) Robert Lemke
c) Professor Dr. Bernhard Grzimek
d) Hans Rosenthal

51 Wer machte als Schlagerstar auch noch Karriere beim Film?

a) Rex Gildo
b) Heino
c) Roberto Blanco
d) Michael Holm

52 In welcher Sendung rätselten Hans Sachs, Annette von Aretin, Guido Baumann und Marianne Koch?

a) *Dalli Dalli*
b) *Der goldene Schuß*
c) *Was bin ich?*
d) *Vergissmeinnicht*

53 Wer drehte *Die Vögel*?

a) Mike Nichols
b) Robert Wise
c) Alfred Hitchcock
d) Robert Altman

! 1968 kam Walt Disneys letzter selbst produzierter Zeichentrickfilm *Das Dschungelbuch* in die Kinos.

54 Wie hieß ein berühmter Filmdelfin?

a) Willy
b) Flipper
c) Nemo
d) Wanda

55 **Wer spielte die Hauptrolle in *Lawrence von Arabien*?**

a) Peter O'Toole
b) Peter Fonda
c) Alec Guinness
d) Tony Curtis

56 **Die Augsburger Puppenkiste feierte 1961 mit einem neuen Stück Premiere. Wie hieß das Stück?**

a) *Der Löwe ist los*
b) *Jim Knopf und Lukas der Lokomotivführer*
c) *Bill Bo und seine Kumpane*
d) *Urmel aus dem Eis*

57 **Welche Sendung moderierte Eduard Zimmermann und rief darin die Bevölkerung zur Mithilfe auf?**

58 **Wer sind Anton, Berti, Conni und Det?**

59 **Welcher Beatle spielte in Richard Lesters *Wie ich den Krieg gewann*?**

a) George Harrison
b) John Lennon
c) Paul McCartney
d) Ringo Starr

60 **Wer spielte die Rolle des Polizeidetektivs im Film *In der Hitze der Nacht*?**

a) Sidney Poitier
b) Robert Mitchum
c) William Holden
d) Orson Welles

61 *Sacramento* aus dem Jahr 1962 war die zweite Regiearbeit von …?

a) Robert Aldrich
b) David Lean
c) Sam Peckinpah
d) Howard Hawks

62 Welcher Schauspieler spielte in *Die glorreichen Sieben*?

a) Spencer Tracy
b) Kirk Douglas
c) John Wayne
d) Yul Brynner

63 Welcher Regisseur drehte *Außer Atem*?

a) Luchino Visconti
b) Jean-Luc Godard
c) François Truffaut
d) Federico Fellini

64 Wer spielte die Hauptrolle in Roman Polanskis Film *Rosemaries Baby*?

a) Jane Fonda
b) Diane Keaton
c) Mia Farrow
d) Deborah Kerr

65 Wer verkörperte den Bösewicht „Goldfinger" im gleichnamigen James-Bond-Film?

a) Gert Fröbe
b) Dietmar Schönherr
c) Klaus Kinski
d) Eddie Arent

Margaret Nolan und Sean Connery

MODE

Modemäßig war in den 60er-Jahren ein bunter Strauß an Stilen, Farben und Formen, aber auch Materialien vertreten. Dominierten zu Beginn des Jahrzehnts noch Kostüme und elegant schlichte Kleider in zarten Farben, galt es Ende der 60er, mit auffallenden Mustern, grellen Farben und neuen Schnitten auf sich aufmerksam zu machen. Das Trägerkleid wurde vom Minirock abgelöst, die Stoffhose von der Jeans, die Kurzhaarfrisur von der langen Mähne und der Badeanzug vom Bikini. Die Veränderungen waren rasant und gingen nicht skandalfrei über die Bühne. Der Minirock und der Bikini riefen die Sittenwächter ebenso auf den Plan wie die transparente Bluse und die Hose für Frauen. Mode wurde sowohl bei den Hippies als auch bei den Mods zum politischen Statement. Sie entwickelte sich aber auch zum Konsumgut. Man orientierte sich an Models und Filmschauspielerinnen, trug die Frisur einmal knabenhaft kurz und dann wieder lang gelockt. Es war ein experimentierfreudiges Jahrzehnt mit Mode im Ethno-, Weltraum-, Gammel-, aber auch im Klassik-Look.

66 Welcher französische Mode-macher entwarf den „Nude Look" und sorgte damit für einen Skandal?

a) André Courrèges
b) Christian Dior
c) Yves Saint Laurent
d) Coco Chanel

67 Welches Kleidungsstück wurde in den 60ern zu einem echten Hingucker?

a) Faltenrock
b) Minirock oder Mini
c) Schlaghose
d) Karohemden

68 Ein dürres Mädchen wurde zur Mode-Ikone. Wie war ihr Name?

a) Kate
b) Betty
c) Jacqueline
d) Twiggy

69 Welches Muster dominierte die Mode?

a) Streifen
b) Blumen
c) Karo
d) Punkte

70 Welche Hosenform prägte in der zweiten Hälfte des Jahrzehnts die Mode?

a) Schlaghose
b) Bundfaltenhose
c) Hose mit Seitenschlitzen
d) weite Hosen

71 Wie wurde der Hippie-Look abfällig genannt?

a) Gammel-Look
b) wandelnde Altkleidersammlung
c) Lumpen-Outfit
d) Schmuddelsurium

Jugendliche wurden zur Zielgruppe. 1967 erwarben Teenager an die 60 % aller Modeartikel.

73 Was verstand man unter einem „Beehive"?

a) Honigglas
b) Tasche mit Wabenmuster
c) Bienenkorb-Frisur
d) Bienenstich-Kuchen

74 Futuristische Kleidung lag in den 60er-Jahren total im Trend. Was gehörte dazu?

a) Jacken mit eingebauten Lichtern
b) Metallkleider
c) Nylon-Hosen
d) Aluminiumfolie

72 Ein wichtiges Accessoire war ...?

a) langer Schal
b) gestrickter Pulli
c) großer Hut
d) buntes Tuch

75 Welche Männerjacke entwickelte sich zum Trend?

76 Welches Kleidungsstück wurde auch bei Mädchen populär?

77 Welches war das Markenzeichen der Mods?

a) zerrissene T-Shirts
b) lange Schals
c) maßgeschneiderte Anzüge
d) selbst genähte Hemden

Die Mods schafften es 1978 sogar bis ins Kino. Der Spielfilm *Quadrophenia* ließ die Mods-Kultur der 60er-Jahre in England wieder aufleben. Den berühmten Soundtrack für den Film lieferte die Band The Who.

78 Die wichtigste modische Erfindung war ...?

a) Zopfgummi
b) Feinstrumpfhose
c) Reißverschluss
d) Klettverschluss

79 Wie nannte man eine bestimmte Form von Ledersandalen?

a) Strohsandale
b) Jesuslatschen
c) Kursandale
d) Trekkingsandale

80 **An wem orientierten sich junge Frauen in Modefragen?**

a) amerikanischen Filmschauspielerinnen
b) französischen Damen
c) englischen Adligen
d) italienischen Unternehmerinnen

Kunststoff entwickelte sich auch in der Mode zu einem beliebten Werkstoff. Modeschmuck wie bunte Armreifen und Ohrringe, Taschen und Regenkleidung wurden daraus hergestellt.

81 **Welches Kleidungsstück wurde durch einen Film weltberühmt?**

a) Plateauschuhe
b) Bundeswehrstiefel
c) Bikini
d) Eskimo-Parka

83 **Wer machte den Mini salonfähig?**

a) Mary Roos
b) Mary Kay
c) Mary Mitchell
d) Mary Quant

82 **Was ist eine Manchester-Hose?**

a) speziell geschnittene Jeans
b) Fußball-Shorts
c) weite warme Wollhose
d) Cordhose

84 Welche Faustregel lässt sich auf die Mode der 60er anwenden?

a) Je schriller die Kleidung, desto schlichter die Schuhe.
b) Je enger die Hose, desto weiter die Bluse.
c) Je kürzer die Röcke, desto länger die Haare.
d) Je älter die Kleidung, desto zufriedener der Gammler.

85 Im Westen hieß sie Jeans, in der DDR ...?

86 Was brauchte man für eine formvollendete Frisur?

87 Was gehörte zum modischen Feindbild der Jugend?

a) Krawatten
b) Hüte
c) Stiefel
d) Kniestrümpfe

88 Welcher Schnitt war zu Beginn der 60er voll im Trend?

a) Fishtail-Linie
b) Empire-Linie
c) X-Linie
d) A-Linie

89 Welches Kleidungsstück zählt zur Hippie-Mode?

a) Batik-Bluse
b) Rüschen-Bluse
c) Fischerhemd
d) Rippen-Shirt

GESCHICHTE UND POLITIK

Die 60er-Jahre veränderten die Welt nachhaltig. Es war eine Zeit zwischen Aufbruch und Aufruhr. Der Kalte Krieg war auf seinem Höhepunkt, die Supermächte USA und Sowjetunion stationierten Atomwaffen und versetzten die Welt dadurch in Angst und Schrecken. Die Berliner Mauer wurde errichtet und teilte Deutschland für Jahrzehnte. Die Proteste gegen den Krieg in Vietnam weiteten sich aus. Eine weltweite Friedensbewegung entstand. In Deutschland führte der Widerstand gegen die Notstandsgesetze zur Bildung der außerparlamentarischen Opposition (APO). Es kam zu ersten Studentenunruhen und Anschlägen. Aus einer radikalen Studentengruppe entwickelte sich die Terroristen-Gruppe RAF. Der Weltraum wurde erobert, der erste Mann im All und der erste auf dem Mond bejubelt. Auch medizinisch war die Welt im Wandel. Erstmals ließen sich Organe erfolgreich verpflanzen und Kinderlähmung durch eine Impfung eindämmen. Die Pille sorgte für eine sexuelle Revolution, die Kommune erprobte alternative Lebensformen.

90 Welchen Politiker beleidigte die Journalistin Ulrike Meinhof im Magazin *konkret*?

a) Kurt Georg Kiesinger
b) Helmut Schmidt
c) Franz Josef Strauß
d) Willy Brandt

91 Wie hieß die Angeklagte im spektakulärsten Indizienprozess der Nachkriegszeit?

a) Vera Brühne
b) Gisela May
c) Elfriede Kloo
d) Maria Adam

92 Die Firma Chemie Grünenthal nahm ein Medikament vom Markt. Wie hieß es?

a) Vencipon
b) Contergan
c) Thalidomid
d) Softenon

93 Wer betrat nach Neil Armstrong als zweiter Mensch den Mond?

a) Buzz Aldrin
b) James Irwin
c) Charles Conrad
d) Alan Shepard

94 Wann wurde die Berliner Mauer errichtet?

a) 1945
b) 1949
c) 1952
d) 1961

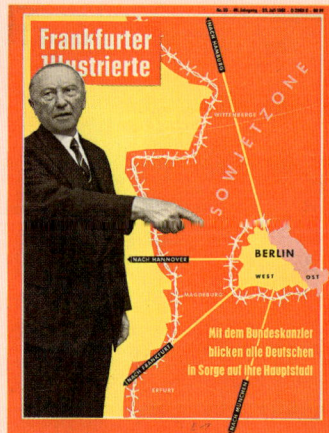

Titelbild der Zeitschrift *Frankfurter Illustrierte*

95 **Welchen Slogan hatten die Anhänger der Hippie-Bewegung?**

a) Make love – not war
b) All You Need Is Love
c) Be Sure to Wear Flowers in Your Hair
d) Sex, drugs and Rock 'n' Roll

96 **Gegen welchen Krieg protestierte vor allem die Jugend in den USA?**

a) Indochinakrieg
b) Koreakrieg
c) Vietnamkrieg
d) Kalter Krieg

97 **Welches Medikament sorgte für heftige Kontroversen?**

a) Capsicum
b) Aspirin
c) Kortison
d) Antibabypille

98 **In welcher Stadt wurde das tödliche Attentat auf John F. Kennedy verübt?**

a) New York
b) Denver
c) Dallas
d) Washington

99 **In Hamburg brachen die Deiche. Die Flut forderte viele Tote. Wer koordinierte die Rettungsmaßnahmen?**

a) Paul Nevermann
b) Helmut Schmidt
c) Rudolf Büch
d) Heinrich Lübke

100 In Niedersachsen wurden über 100 Bergleute bei einem Grubenunglück verschüttet. Wie bezeichnete man ihre Bergung?

a) Wunder von Hannover
b) Wunder von Luisenthal
c) Wunder von Lothringen
d) Wunder von Lengede

101 Auf den bekanntesten Wortführer der westdeutschen Studentenbewegung wurde ein Attentat verübt. Wie hieß er?

a) Daniel Cohn-Bendit
b) Josef Bachmann
c) Rudi Dutschke
d) Bernd Rabehl

102 Welches Gesetz wurde am 30. Mai 1968 verabschiedet?

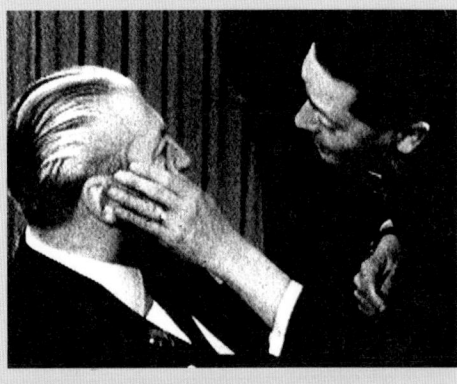

Bundeskanzler Kurt Georg Kiesinger lässt sein verletztes Auge untersuchen.

103 Was war die Knollenkrise?

104 Gudrun Ensslin und Andreas Baader legten in zwei Frankfurter Kaufhäusern aus Protest gegen den Krieg in Vietnam Brände. Welcher Vereinigung gehörten sie später an?

a) APO
b) SED
c) RAF
d) IRA

! Bundeskanzler Kurt Georg Kiesinger bekam auf dem CDU-Parteitag in Berlin am 7. November 1968 von Beate Klarsfeld eine Ohrfeige. Sie wollte damit auf seine NS-Vergangenheit hinweisen.

105 Wer wurde 1969 erster sozialdemokratischer Bundeskanzler?

a) Willy Brandt
b) Ludwig Erhard
c) Helmut Schmidt
d) Walter Scheel

106 Welches Organ wurde 1967 zum ersten Mal transplantiert?

a) Niere
b) Herz
c) Leber
d) Lunge

107 Wer sagte: „Niemand hat die Absicht, eine Mauer zu errichten"?

a) Erich Honecker
b) Walter Köppe
c) Otto Grotewohl
d) Walter Ulbricht

108 Wann wurde Ludwig Erhard Bundeskanzler der Bundesrepublik Deutschland?

a) 1949
b) 1957
c) 1963
d) 1966

Nelson Mandela, Führer des African National Congress (ANC), wurde im Juni 1964 wegen Subversion und Sabotage zu lebenslänglicher Haft verurteilt.

109 Wo fand der große Postraub von 1963 statt?

a) Frankreich
b) England
c) USA
d) Schweden

110 Wo entstand durch einen Vulkanausbruch eine neue Insel?

a) in der Inselgruppe Hawaii
b) vor Island
c) bei den Azoren
d) im Indischen Ozean

111 Wer erschoss den mutmaßlichen Kennedy-Attentäter?

112 Wo liegt die Schweinebucht?

113 Wie hieß das Passagierschiff, das nach einer Explosion nördlich von Madeira ausbrannte?

a) Lakonia
b) Estonia
c) Wilhelm Gustloff
d) Pamir

114 1967 starb ein bedeutender Anführer der Kubanischen Revolution. Wie war sein Name?

a) Alberto Korda
b) Che Guevara
c) Fidel Castro
d) Fulgencio Batista

115 Welche Erlaubnis bekamen Rentner der DDR Ende 1964?

116 Welche Note gab die Bundesbank 1965 zum ersten Mal heraus?

117 Mit welchem Raumschiff gelang die erste bemannte Mondlandung?

a) Apollo 11
b) Lunik 2
c) Ranger 4
d) Sputnik 2

! 1960 erlangten 17 afrikanische Staaten die Unabhängigkeit. 1960 wurde deshalb auch „Afrikanisches Jahr" genannt.

118 Was führte die DDR-Regierung am 25. November 1964 ein?

a) Mindestumtausch bei der Einreise
b) Taschenkontrolle bei Ein- und Ausreise
c) überwachte Warteräume an den Grenzen
d) geringe Freigrenzen zur Mitnahme von Waren

Alte DDR-Plakette am Checkpoint Charlie in Berlin

119 Welches Ereignis versetzte die Welt 1962 in Angst und Schrecken?

a) Atomwaffentests der Sowjetunion
b) Entdeckung eines großen Meteoriten
c) Kubakrise
d) Anzeichen für die Erderwärmung

120 Wie hieß eine berühmte Berliner Wohngemeinschaft?

a) Offenes Haus
b) Kommune 1
c) SO 36
d) Die Wilde 13

! Am 3. Mai 1964 wurde die erste direkte Flugverbindung zwischen der Bundesrepublik und der Sowjetunion eröffnet.

121 Welche Impfung wurde 1960 in der DDR eingeführt?

a) Röteln
b) Mumps
c) Masern
d) Polio

122 Der erste Mensch flog ins All. Wie war sein Name?

a) Wladimir Michailowitsch Komarow
b) Alan Shepard
c) Walter Schirra
d) Juri Gagarin

123 Im Oktober 1969 wurde das höchste Bauwerk Deutschlands eingeweiht. Welches war es?

a) Westend Gate Hotel
b) Heizkraftwerk Chemnitz
c) Europaturm
d) Berliner Fernsehturm

Mode der 60er auf dem Rollfeld

KUNST UND KULTUR

Dem Aufbau der Nachkriegsjahre folgte die Verarbeitung der Vergangenheit. Besonders die Jugend begehrte auf und verlangte nach Erklärungen für die Gräueltaten des Nationalsozialismus. Einen Spiegel fand diese Stimmung in der Literatur. Dokumentarische Stücke wie das von Peter Weiss über die Auschwitzprozesse fanden ein großes Publikum. Romane wie die der *Danziger Trilogie* von Günter Grass oder die *Ansichten eines Clowns* von Heinrich Böll unternahmen den Versuch einer Vergangenheitsbewältigung. Jugendmagazine entdeckten die Sexualaufklärung, Satirezeitschriften fanden reißenden Absatz, und die Pressefreiheit wurde erfolgreich verteidigt. Regionale Wettbewerbe, Schlager- und Quizsendungen stärkten im Gegenzug die eigene Identität und vermittelten ein neues Heimatgefühl.

Im Bereich der Kunst wurde es bunt und schrill. Die Pop-Art kam aus den USA und erhob die Warenwelt zur Kunst. Campbells Suppendose ist nur ein Beispiel dafür. Die neue Kunstrichtung sorgte mit Größe und Farbigkeit für neue Impulse. Comics wurden als Strip und als Bild salonfähig.

124 Wie hieß der Modetanz, den die DDR als Gegenstück zum Rock 'n' Roll entwarf?

a) Lindy Hop
b) Memphis
c) La Bostella
d) Lipsi

125 Weshalb erhielt der Kabarettist Wolfgang Neuss Morddrohungen?

a) Er plädierte für die Legalisierung von Cannabis.
b) Er rief zu Geldspenden für den Vietkong auf.
c) Er verriet vorzeitig den Mörder aus *Das Halstuch.*
d) Er verunglimpfte Papst Pius XII.

126 Die *Spiegel*-Affäre zog viele Rücktritte nach sich. Wodurch wurde sie ausgelöst?

a) Artikel
b) Foto
c) Einbruch
d) Festnahme

127 Wer durfte ab 1965 nicht mehr in der DDR auftreten?

a) Klaus Renft Combo
b) Wolf Biermann
c) Jazz Optimisten Berlin
d) Heiner Müller

Die *Dreigroschenoper* von Bertolt Brecht feierte am 23. April 1960 im Berliner Ensemble Premiere.

128 **Wer bekam 1962 den Nobelpreis für Literatur?**

a) John Steinbeck
b) Nelly Sachs
c) Friedrich Dürrenmatt
d) Günter Grass

129 **In welchem Jahr wurde die Goldene Kamera erstmalig verliehen?**

a) 1961
b) 1963
c) 1966
d) 1969

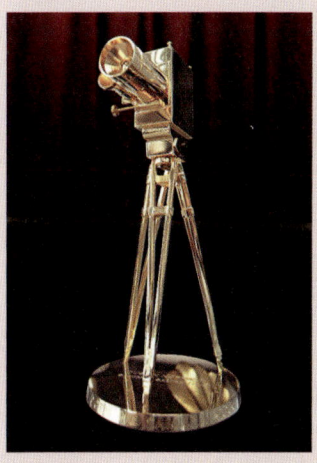

130 **Wer verübte 1968 ein Attentat auf Andy Warhol?**

a) Josef Bachmann
b) James Earl Ray
c) Valerie Solanas
d) Byron De La Beckwith

Der Architekt Walter Gropius legte 1962 den Grundstein zu einer Großraumsiedlung in Westberlin, der späteren „Gropiusstadt".

131 **Comic-Bilder wurden zur Kunst. Von wem wurden sie gemalt?**

a) Roy Lichtenstein
b) Andy Warhol
c) Robert Crumb
d) Allan Kaprow

132 Wovon handelt das Dokumentarstück *Die Ermittlung* von Peter Weiss?

a) Treblinka-Prozesse
b) Frankfurter Auschwitzprozesse
c) Nürnberger Prozesse
d) Waldheimer Prozesse

133 Wie hieß die Satire-Zeitschrift, die 1962 auf den Markt kam?

a) *Titanic*
b) *Eulenspiegel*
c) *pardon*
d) *MAD*

134 Wie war der Name einer beliebten Jugendzeitschrift?

a) *Trommel*
b) *BRAVO*
c) *Rasselbande*
d) *Twen*

135 Angesagter Comic-Held war ein Ritter mit dem Namen ...?

a) Falk
b) Leutnant Blueberry
c) Atze
d) Tibor

Im Juli 1961 wurde die Firma Panini in Italien gegründet. Panini stellt bis heute die berühmten Sammelbilder her.

Panini-Bilder in der Druckerei des Panini Verlags in Modena

136 In den USA landete Betty Friedan 1963 einen Bestseller. Wie hieß das Buch?

a) Der süße Wahn
b) Anlass zu lieben
c) Wer die Nachtigall stört
d) Der Weiblichkeitswahn

137 Was verbrannten Frauen gegen Ende der 60er-Jahre öffentlich?

138 Welches Land baute sich eine neue Hauptstadt?

139 Wer moderierte die Radio-Quizsendung *Allein gegen Alle*?

a) Peter Frankenfeld
b) Hans Rosenthal
c) Joachim Fuchsberger
d) Hans-Joachim Kulenkampff

140 Welcher Bundeswettbewerb wurde 1961 erstmalig durchgeführt?

a) Unser Dorf soll schöner werden
b) Jugend forscht
c) Jugend trainiert für Olympia
d) Städtebaulicher Wettbewerb

1967 erschien das erste *Lustige Taschenbuch* von Walt Disney.

141 Wer machte Alltagsgegenstände zu Kunstobjekten?

a) Bruce Nauman
b) Andy Warhol
c) Das Künstlerpaar Claes Oldenburg und Coosje van Bruggen
d) Das Künstlerpaar Christo und Jeanne Claude

142 Frisch verliebte Pärchen besuchten gern …?

a) Tanzlokal
b) Eisdiele
c) Eislaufbahn
d) Autokino

143 Wer moderierte die ZDF-Hitparade?

a) Dieter Thomas Heck
b) Manfred Sexauer
c) Ilja Richter
d) Peter Alexander

144 1962 wurde das Theaterstück *Die Physiker* uraufgeführt. Aus wessen Feder stammt es?

a) Günter Grass
b) Friedrich Dürrenmatt
c) Heinrich Böll
d) Max Frisch

145 Welche Kunstrichtung ist typisch für die Zeit?

a) Konzeptkunst
b) Minimal-Art
c) Pop-Art
d) Land-Art

ALLTAG

Die harten Jahre des Wiederaufbaus waren vorbei, und finanziell ging es den meisten Menschen inzwischen besser. Anschaffungen wurden getätigt. Während die ältere Generation dabei auf Eiche rustikal und deren Werthaltigkeit setzte, griffen die Jüngeren eher zu schlichten, pflegeleichten Kunststoff-Möbeln. Die Kinder spielten noch auf der Straße. Die Mädchen liefen Rollschuhe, die Jungs kickten Bälle. Beliebte Beschäftigungen für drinnen waren Quartett oder Schiffe versenken. Die Reiselust der Deutschen war ungebrochen. Mit dem eigenen kleinen Auto bezwang man steile Passstraßen, um sich unter südlicher Sonne möglichst kräftig zu bräunen. Wer es sich leisten konnte, fuhr im Winter zusätzlich Ski. Das Auto war noch vorrangig Fortbewegungsmittel und stand auf der Liste der Anschaffungen ganz oben. Die Autobahnen wurden voller, die Auswahl an Modellen nahm zu. Die Jugend tanzte nicht mehr brav miteinander, sondern wild auseinander. Die eigentliche Revolution fand jedoch in deutschen Schlafzimmern statt. Sexualität wurde thematisiert und Aufklärung gesellschaftsfähig.

146 Wer oder was erregte 1966 im Rhein großes Aufsehen?

a) Wasserflugzeug
b) Wasserskiläufer
c) weißer Wal
d) Nacktschwimmer

147 Wer sorgte für eine sexuelle Revolution in deutschen Schlafzimmern?

a) Dr. Sommer
b) Uschi Obermaier
c) Beate Uhse
d) Oswalt Kolle

148 Welche Automarke warb mit dem Slogan „Er läuft, und läuft, und läuft ...“?

a) Ford
b) Volkswagen
c) Opel
d) Renault

149 Fußball auf dem Esstisch? Mit diesem Spiel wurde es möglich.

a) Lustig voran
b) Schubs und Remmidemmi
c) Tipp-Kick
d) Der Mittelstürmer bist du

150 Womit spielten Mädchen auf der Straße am liebsten?

a) Quartett
b) Fußball
c) Plumpsack
d) Gummitwist

151 Welches Spiel war gemeint, wenn von „Klicker" die Rede war?

a) Tisch-Ping-Pong
b) Domino
c) Murmeln
d) Tischflipper

152 Welches Auto wurde auch „Knutschkugel" genannt?

a) Messerschmidt-Kabinenroller
b) BMW Isetta
c) Fiat 500
d) Peel P50

154 Welches war eines der begehrtesten Konsumgüter?

a) Fernseher
b) Waschmaschine
c) Automobil
d) Wohnwagen

153 Wohin reiste man am liebsten?

a) Spanien
b) Dänemark
c) Bulgarien
d) Italien

1969, rechtzeitig zum Ferienbeginn, wurde von Bundesverkehrsminister Georg Leber ein Lastwagenfahrverbot an allen Ferienwochenenden eingeführt.

155 Anfang der 60er kam ein neues Fortbewegungsmittel für Kinder auf den Markt. Wie hieß es?

a) Kettcar
b) Roller
c) Seifenkiste
d) Skateboard

156 Welchen Namen hatte ein Wohnwagen in Kugelform?

a) Deseo
b) Schwalbennest
c) Falter
d) Knospe

157 In Zwickau rollte 1964 das erste Auto vom Band. Welchen Namen hatte es?

a) Wartburg 311
b) Sachsenring P 240
c) Trabant 601
d) Tatra 613

Das erste Bowling-Center in der Bundesrepublik eröffnete am 1. Juli 1961 in Mannheim.

158 Bevorzugtes Fahrzeug der Mods waren ...?

a) hochpreisige Limousinen
b) Cabriolets
c) getunte Mopeds
d) italienische Motorroller

SPRACHE

Sprache ist ein Spiegel der Zeit sowie der Kultur und damit steten Veränderungen unterworfen. In den 60er-Jahren wurde aus „tadellos" „dufte", ein „flotter Besen" zum „steilen Zahn", und angesagte Dinge waren damals schon „in" oder „out". Der technische Fortschritt brachte den Kassettenrekorder und den Bandsalat. Man fuhr Rollschuhe, kaufte die Fahrkarte am Schalter, und ein Blödmann war noch ein „Dämlack". Parallel dazu hielten immer mehr englische Begriffe Einzug in die Alltagssprache. Man hatte nun Hobbys anstelle von Steckenpferden. Aus der Arbeitshose wurde eine Jeans, man protestierte mit einem „Sit-in", verabredete sich zum Brunch und ärgerte sich über Teenager. Denn sie benutzten Ausdrücke wie „das kannst du knicken" oder „motzen" und hörten laute „Mucke". Auch Abkürzungen wurden modern. Farbfernsehen wurde durch PAL erst schön, programmiert wurde in ASCII, man hörte Pop und kaufte im KaDeWe ein. Viele der damals neuen Wörter und Wortschöpfungen sind inzwischen verschwunden oder haben an Bedeutung verloren, die „Sexwelle" ist eindeutig abgeflaut.

159 Die Varta AG wurde 1962 gegründet. Wofür steht der Name?

a) die Namen der Gründer
b) „Volksarbeitsbetrieb Technische Anlagen"
c) „Vertrieb, Aufladung, Reparatur transportabler Akkumulatoren"
d) „Volt- und Ampere-Regelungs-technik für Akkumulatoren"

160 Welche Vornamen waren 1963 am beliebtesten?

a) Sabine und Thomas
b) Petra und Jürgen
c) Christine und Peter
d) Andrea und Andreas

161 Typische Bestandteile der Jugendsprache waren …?

a) Schimpfwörter
b) Anglizismen
c) Übertreibungen
d) Füllwörter

162 Was wurde aus einem „Backfisch"?

a) Fischstäbchen
b) Teenager
c) Mädchen
d) Bratfisch

163 Was war mit dem Ausspruch „ein schönes Fell klopfen" gemeint?

a) laut Musik hören und das Trommelfell beben lassen
b) Pelzträger verhauen
c) gut Schlagzeug spielen
d) den Bettvorleger oder Teppich ausklopfen

164 Was war mit dem Begriff „antifaschistischer Schutzwall" gemeint?

a) Berliner Mauer
b) Gesetze gegen faschistische Gruppierungen
c) große Demonstrationen gegen den Faschismus
d) von Linken errichtete Barrikaden

165 Was verstand man unter einem „Mini-Mädchen"?

a) besonders kleine Mädchen
b) Schulanfängerinnen
c) tanzbegeisterte Teenager
d) Mädchen, die bei jedem Wetter einen Minirock trugen

166 Ein anderes Wort für flirten war ...?

a) angraben
b) gruscheln
c) anmachen
d) anbohren

167 Was meinte man, wenn man zu einem „Teach-in" einlud?

a) wissenschaftliche Präsentation
b) gemütliche Lerngruppe
c) Produkteinweisung für Mitarbeiter oder Kunden
d) politische Informationsveranstaltung

168 Wie lautet ein berühmt gewordener Studentenspruch von 1967?

a) „Unter den Talaren – Muff von 1000 Jahren"
b) „Die Freiheit ist immer die Freiheit des Andersdenkenden."
c) „Wenn jeder an sich denkt, ist an alle gedacht!"
d) „Zu viel Arbeiter richten wenig aus."

169 Mit welchem Ausspruch trieb man Kinder zur Eile an?

a) Hoppi galoppi!
b) Leg mal einen Zahn zu!
c) Husch, husch, die Waldfee!
d) Eins, zwei, drei, Zeit vorbei.

170 Was war Bandsalat?

a) verheddertes Magnetband
b) Nudelsalat aus Spaghetti
c) eine misslungene Strickarbeit
d) die Verkabelung hinter der Musikanlage

171 Was bekam man serviert, wenn man in der DDR einen Broiler bestellte?

a) Frikadelle
b) Brathähnchen
c) deftigen Eintopf mit Wurst
d) Auflauf mit Ei und Kartoffeln

172 Was gehörte zum Sprachgebrauch politisch interessierter Jugendlicher?

a) Freiheit
b) Öko
c) Einwanderer
d) Establishment

173 Die Reiselust der Deutschen schlug sich auch in der Namensgebung von alkoholischen Getränken nieder. Ein Trend-Getränk war der ...?

a) Italien-Mix
b) Lufthansa-Cocktail
c) Alpen-Drink
d) Caravan Brause

SPORT

In den 60ern wurden Sportlegenden geboren. Mit der Austragung und Übertragung der Fußball-Bundesliga entwickelte sich Fußball zum Breitensport und legte sein „Unterschichtensport-Image" ab. Spieler wie Franz Beckenbauer und Uwe Seeler begeisterten Millionen. Sportübertragungen und sportliche Live-Ereignisse fanden immer mehr Zuspruch und entwickelten sich zu Zuschauermagneten. Die Sportler selbst wurden zu Helden und Stars, denen die Medienaufmerksamkeit sicher war. Das Interesse an Sport war vielfältig. Die Kämpfe von Bubi Scholz und Muhammed Ali wurden ebenso verfolgt wie Radrennen, Skiwettbewerbe oder Ereignisse im Reitsport. Ganz besonders spannend waren Autorennen. Die Formel 1 fand viele neue Anhänger, nicht zuletzt deshalb, weil die Rennen noch sehr gefährlich waren. In jeder Saison starben Fahrer, was zu einer Diskussion über verbesserte Sicherheitsausrüstung führte. Unmögliches wurde möglich. Der erste Mann segelte Einhand um die Welt, ein anderer lief die 100 m in 10,0 Sekunden, und der erste Mensch tauchte zum tiefsten Punkt des Meeres.

174 1963 fanden die ersten Spiele der neuen Fußball-Bundesliga statt. Wer wurde deutscher Meister?

a) 1. FC Bayern München
b) Borussia Mönchengladbach
c) 1. FC Köln
d) Werder Bremen

175 Gegen wen verlor Deutschland das Endspiel bei der Fußball-WM 1966?

a) Brasilien
b) Ungarn
c) Niederlande
d) England

176 1965 bestritt Franz Beckenbauer sein erstes Länderspiel. Gegen wen spielte er?

a) Schweden
b) Zypern
c) Bulgarien
d) Tschechoslowakei

Am 12. August 1960 sprang Ralph Boston mit 8,21 m neuen Weltrekord im Weitsprung. Er übernahm den Titel von Jesse Owens.

177 Wer tauchte 1960 mit einem Tauchboot mehr als 10.000 m tief?

a) Jacues-Yves Cousteau
b) Jacques Piccard
c) Hans Hass
d) Sylvia Earle

178 Beim Großen Preis von Italien (1961) verunglückte ein deutscher Rennfahrer tödlich. Wie war sein Name?

a) Gerhard Mitter
b) Wofgang Seidel
c) Wolfgang Graf Berghe von Trips
d) Rolf Stommelen

179 Welchen Namen hatte der Boxer Muhammed Ali, bevor er zum Islam übertrat?

a) George Foreman
b) Joe Frazler
c) Cassius Clay
d) Sonny Liston

180 Wer startete 1968 zu einer Einhand-Weltumsegelung?

a) Hannes Lindemann
b) Robin Knox-Johnston
c) Claus Hehner
d) Rollo Gebhard

181 Mit welchem Auto wurde Jackie Stewart Formel-1-Weltmeister?

a) Maserati
b) Ferrari
c) Lotus
d) Matra-Ford

182 Wer fuhr 1960 auf Platz 1 beim Lauberhorn Abfahrtsrennen in der Schweiz?

a) Willy Bogner
b) Ludwig Leitner
c) Karl Schranz
d) Toni Sailer

183 Wie hieß der Reiter, der 1960 den Großen Preis von Europa gewann?

a) Fritz Thiedemann
b) Paul Schockemöhle
c) Hans Günter Winkler
d) Alwin Schockemöhle

184 Box-Europameister im Halb-schwergewicht wurde 1964 ...?

a) Eddie Machen
b) Gustav „Bubi" Scholz
c) Doug Jones
d) Harold Johnson

! Am 19. November 1969 schoss Pelé sein 1000. Tor.

185 Der deutsche Radprofi gewann mehrere Etappen bei der Tour de France und beim Giro d' Italia. Wie lautet sein Name?

a) Rolf Wolfshohl
b) Klaus-Peter Thaler
c) Rudi Altig
d) Eddy Merckx

186 Armin Hary war ...?

a) Springreiter
b) Schwimmer
c) Leichtathlet
d) Eiskunstläufer

LEBENSMITTEL

Ging es in den 50er-Jahren noch vorrangig darum, satt zu werden, richtete sich das Augenmerk nun auf die Qualität der Produkte. Lebensmittel waren reichlich vorhanden und ständig kamen neue Produkte hinzu. Auf Urlaubsreisen lernte man landestypische Gerichte kennen, an deren Zubereitung man sich zu Hause erprobte. Restaurants mit italienischen und balkantypischen Spezialitäten schossen aus dem Boden, Feinkostläden und Eisdielen wurden reihenweise eröffnet. Fertig- und Tiefkühlprodukte ermöglichten schnell zubereitete Mahlzeiten – ein Trend, der sich auch in der Verbreitung von Hähnchen-Grillrestaurants niederschlug. Sein Essen konnte man von dort auch in einer Warmhaltetüte nach Hause tragen. Auf Buffets frönte man der Lust am Dekorieren und Verzieren. Der Igel musste für Käse, Mett und Salzstangen als Formgeber herhalten, Unmengen an Mayonnaise wurden liebevoll vertupft. Der Konsum von Fleisch, Butter und generell fettreichen Lebensmitteln stieg, auch der Alkohol floss reichlich.

187 Moderne Geräte hielten Einzug in den Haushalt. Was aßen
die Deutschen deshalb mehr?

a) Salat
b) Pizza
c) Tiefkühlkost
d) Fisch

188 Welches Getränk wurde 1964
in Deutschland am meisten
konsumiert?

a) Kaffee
b) Bier
c) Milch
d) Wasser

189 Dieser Nachtisch durfte auf
keiner Party fehlen.

a) Schokoladenpudding
b) Eis
c) Windbeutel
d) Götterspeise

190 Wenn die Küche kalt blieb,
ging man mit der ganzen
Familie ...?

a) in die Kantine
b) an die Pommes-frites-Bude
c) in den Wienerwald
d) in ein Mövenpick-Restaurant

Am 24. Dezember 1960 wurde
das Lebensmittelgesetz geändert.
Restaurants und Gaststätten
mussten ihre Speisekarten mit
Fußnoten, beispielsweise
„1 = Sorbinsäure", kennzeichnen.

191 Was gehörte auf ein stilechtes 60er-Jahre-Buffet?

a) Nussecken
b) Minibuletten
c) Garnelen-Spieße
d) Tomaten-Fliegenpilze

192 Sexy-mini-super-flower-pop-op-cola -- alles ist in ...?

a) afri cola
b) Sinalco Cola
c) Coca-Cola
d) Pepsi-Cola

193 Was servierte man zu besonderen Gelegenheiten?

a) Eis
b) Kalbsbraten
c) Königinpasteten mit Ragout fin
d) Mixed Pickles

194 Welches war ein preiswertes Getränk für Kinder in unterschiedlichen Geschmacksrichtungen?

a) Limonade
b) TRi TOP
c) Eistee
d) Saftschorle

! Das Kakao-Mixgetränk „Nesquick" entwickelte sich zum Verkaufsschlager. Neu war, dass das Pulver sich gut verteilen ließ und nicht klumpte.

195 Die Zahl der Gastarbeiter stieg. In der Folge eröffneten die ersten ...?

a) Döner-Buden
b) Eisdielen
c) Hähnchen-Grills
d) türkischen Cafés

196 Wozu war man eingeladen, wenn von einem Gabelfrühstück die Rede war?

a) Brunch
b) Buffet
c) Mitternachtssnack
d) Festliches Abendessen

197 Welches war eine der beliebtesten Knabbereien?

a) Nüsse
b) Chips
c) Reiscracker
d) Salzletten

198 Die Reiselust der Deutschen schlug sich auch in der Namensgebung von Speisen nieder. Was galt als schnelle, aber exklusive Mahlzeit?

a) Rimini-Cracker
b) Hamburger Brötchen
c) Toast Hawaii
d) PanAm-Pumpernickel

199 Kellerkuchen und Kekskuchen sind nur zwei Namen dieser Kalorienbombe. Wie hieß er noch?

a) Kalter Hund
b) Gestreifter Kater
c) Zebrakuchen
d) Schoko-Oma

1d) Keith Moon

Keith Moon wurde 1964 Drummer von The Who. Zuvor hatte er den anderen Bandmitgliedern demonstriert, wie Schlagzeug auch gespielt werden kann. Er agierte nicht nur wie ein Verrückter, zum Schluss zertrümmerte er auch noch das halbe Equipment. Diesem Stil blieb er treu, und die Band begeisterte das junge Beat-Publikum mit Songs wie *My Generation.* Keith Moon hatte mit seinem besessenen Spiel und den Zerstörungsorgien großen Anteil am Erfolg der Band. Er starb 1978 an einer Überdosis Tabletten, die ihn von seiner Alkoholsucht heilen sollten.

The Who in Woodstock

2a) Fleetwood Mac

1967 gründeten Peter Green, Mick Fleetwood und Bob Brunning die Band Peter Green's Fleetwood Mac. Mit ihren Bluessongs waren sie so erfolgreich, dass sie zeitweilig sogar mehr Schallplatten verkauften als die Beatles oder Rolling Stones. 1970 verließ Peter Green die Band, die nun Popmusik spielte. Ständig wechselnde Besetzungen und schwankende Erfolge führten mehrmals fast zum Aus der Gruppe. Doch Totgesagte leben länger. Fleetwood Mac touren heute immer noch (oder schon wieder) durch die Welt.

3b) *Pet Sounds*

Niemand hatte zuvor Hundegebell, Fahrradklingeln, klappernde Löffel und Straßengeräusche aufgenommen und sie zusammen mit Waldhörnern und Cembalo arrangiert. Das Ergebnis war ein Album, das 1966 so gar nicht zum Sommer-Sonne-Strand-Image der Beach Boys passen wollte. Die Plattenfirma war skeptisch und brachte nur eine stark limitierte Auflage heraus. Zu Unrecht, denn das Album gilt heute als eines der besten Rockalben und wurde 2000 mit einer Goldenen Schallplatte ausgezeichnet.

4a) Bob Dylan

Bis er 18 war, hieß er Robert Allen Zimmerman, dann gab sich der Straßenmusiker den Künstlernamen Bob Dylan. Seitdem hat sich der „Mann mit der Mundharmonika" zu einer Ikone der Folkmusik entwickelt, auch weil Joan Baez ihn in den Anfängen förderte und mit auf Tour nahm. Bald war das nicht mehr nötig. Bob Dylan gelang mit vielen Hits der Sprung in die Charts. Er wurde gefeiert und verehrt, auch wenn er den Kult um seine Person ablehnte. Er wandelte sich vom Folksänger zum Rockmusiker, blieb sich in einem Punkt aber treu: Auch heute macht er noch immer nur das, was er will.

5d) Jim Morrison und Ray Manzarek

Im Sommer 1965 beschlossen Jim Morrison und Ray Manzarek am Strand von Venice Beach die Gründung einer Band. Sie nannten sich The Doors, nach einem Essay von Aldous Huxley. Die zur Vervollständigung der Instrumente notwendigen weiteren Mitglieder fanden sie bei einem Esoterik-Kurs. Robby Krieger spielte Gitarre, John Densmore Schlagzeug. Skandalumwitterte Auftritte und der Song

Light My Fire begründeten den Ruhm der Band. Ein exzessives Leben, Drogen und Alkohol machten dem ein Ende. Jim Morrison starb 1971 mit 27 Jahren.

6a) *With a little help from my friends*

John Lennon und Paul McCartney schrieben den Song, der 1967 in den Abbey Road Studios eingespielt wurde. Gesungen wurde er von Ringo Starr. Das Lied wurde der zweite Titel auf dem Album *Sgt. Pepper's Lonely Hearts Club Band.* Joe Cocker coverte den Song und stand damit 1968 auf Platz 1 der Charts. Seine Live-Version auf dem Woodstock-Festival ein Jahr später machte Titel und Sänger unsterblich.

7c) Arlo Guthrie

Arlo Guthrie ist Komponist, Sänger, Songwriter und inzwischen ebenso eine Folklegende wie sein Vater Woody Guthrie (1912–67). Sein erster großer Erfolg war der Auftritt auf dem Newport Folk Festival 1967. Das dort vorgetragene Stück *Alice's Restaurant Massacree* wurde zwei Jahre später mit Arlo Guthrie in der Hauptrolle verfilmt. Er trat auf dem Woodstock-Festival auf und tourte mit seinen Songs durch die Vereinigten Staaten und später auch Europa. Daran hat sich bis heute nichts geändert.

8b) Heintje

Im Alter von zwölf Jahren hatte er seinen größten Hit. Voller Inbrunst sang sich der Kinderstar mit der klaren Stimme in die Herzen der Frauen. Es folgten Titel wie *Du sollst nicht weinen* oder *Heidschi Bumbeidschi,* an den Erfolg von *Mama* reichten sie aber nicht mehr heran. Der Karriereknick kam mit dem Stimmbruch. Hendrik Nikolaas Theodoor Simons, wie er mit bürgerlichem Namen heißt, versuchte sich als Schauspieler und startete einen neuen Versuch als Sänger. Der Erfolg war eher mäßig. Bis heute haftet ihm das Image des Kinderstars als lieber Junge an.

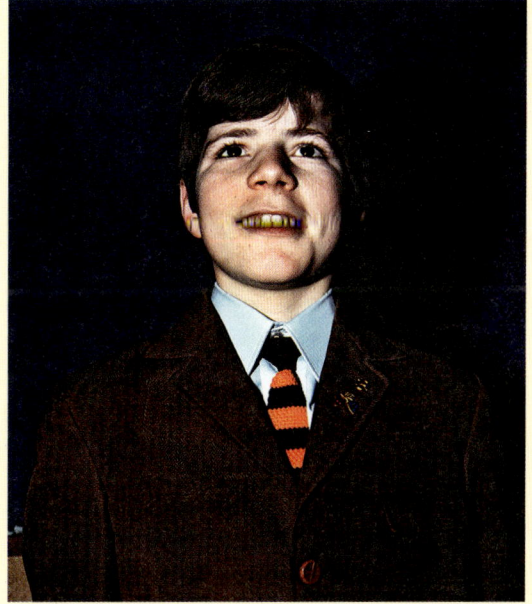

9d) Star Club

Große Freiheit 39 lautete die Adresse in Hamburg St. Pauli. Seit der Star Club dort am Freitag, den 13. April 1962 mit dem Versprechen „Die Zeit der Dorfmusik ist vorbei!" eröffnete, gingen eine Reihe berühmter Musiker und solche, die es durch den Musikclub erst wurden, dort ein und aus. Allen voran die Beatles, die manchmal wochenlang hintereinander dort spielten. Aber auch Bill Haley, Little Richard, Jimi Hendrix, Black Sabbath, Ray Charles und Fats Domino traten dort auf. Der Club schloss Ende 1969.

10b) Lale Andersen

Berühmt wurde die Sängerin, die mit bürgerlichem Namen Lieselotte Helene Berta Bunnenberg hieß, mit dem Soldatenlied *Lili Marleen*. Das Lied brachte ihr die erste Goldene Schallplatte ein, aber auch ein zeitweiliges Auftrittsverbot durch die Nationalsozialisten. Der Text des Schlagers sei wehrkraftzersetzend, lautete der Vorwurf. Nach dem Krieg nahm sie ihre Karriere wieder auf, sang Chansons und Seemannslieder, schrieb Lieder und verfasste Bücher. Sie starb 1972 in Wien.

11b) Seemannsliedern

Ursprünglich wurden Seemannslieder, die Shantys, bei der Arbeit auf dem Schiff gesungen. Für jede Tätigkeit an Bord gab es Lieder mit einem bestimmten Rhythmus. Capstan-Shantys wurden z. B. beim Lichten des Ankers gesungen, Halyard-Shantys, wenn die Segel gesetzt wurden. Die Lieder bestehen häufig aus einem Solopart, den der Shantyman singt, und einem Part für den Chor, der den Refrain übernimmt. *What shall we do with a drunken Sailor* ist eines der bekanntesten Seemannslieder.

12c) *Do Wah Diddy Diddy*

Ursprünglich stammte der Song von The Exciters, einer US-amerikanischen Band, die das Lied 1964 herausbrachte. Der Erfolg war mäßig: Platz 78 in den US-Charts. Der Durchbruch für das Stück kam Ende 1964, als Manfred Mann, mit bürgerlichem Namen Manfred Lubowitz, den Titel neu interpretierte. *Do Wah Diddy Diddy* hielt sich wochenlang in den englischen und amerikanischen Charts auf Platz 1. Der erfolgreiche Titel verdrängte dabei sogar die Beatles mit *A Hard Day's Night*. In Deutschland erreichte das Lied Platz 4.

13c) *Please please me*

Am 22. März 1963 kam das erste Album der Beatles heraus. Es entstand in sehr kurzer Zeit auf Drängen des Produzenten George Martin, der nach dem sensationellen Erfolg der gleichnamigen Single so schnell wie möglich eine Langspielplatte herausgeben wollte. Alle 14 Titel, darunter acht, die aus der Feder von John Lennon und Paul McCartney stammten, wurden am 11. Februar 1963 in den Abbey Road Studios eingespielt. Das Coverfoto der LP wurde im Treppenhaus des EMI-Gebäudes aufgenommen.

14b) Saxofon

Seit 1840 gibt es das Instrument, das offiziell zu den Holzbläsern zählt. Erfunden wurde es von dem Belgier Adolphe Sax, der es sechs Jahre später in Frankreich patentieren ließ. Saxofone gibt es in verschiedenen Stimmlagen als Alt-, Tenor-, Bariton- oder Sopransaxofon. Traditionell wurde es vor allem in Blasorchestern eingesetzt, aber es gibt auch klassische Orchesterwerke, in denen es eine Rolle spielt. Beliebt wurde das Saxofon vor allem mit dem Aufkommen des Jazz.

15a) Ennio Morricone

Er komponierte die Filmmusik zu mehr als 500 Filmen und wurde mit Preisen und Auszeichnungen überhäuft. 1987 und 2000 gewann er den Golden Globe für die beste Originalmusik von *Mission* und *Die Legende vom Ozeanpianisten*, 1999 den Europäischen Filmpreis für sein Lebenswerk. 2007 erhielt er den Ehrenoscar. Unzählige weitere Ehrungen wurden ihm zuteil. Seine bekanntesten Filmmusiken schrieb er für die Western von Sergio Leone, darunter *Für eine Handvoll Dollar* und *Zwei glorreiche Halunken.*

16d) Chubby Checker

Der Spitzname Chubby, den er aufgrund seiner rundlichen Figur bekam, wurde von der Plattenfirma übernommen, die ihn 1959 unter Vertrag nahm. Mit dem Zusatz „Checker" war der Künstlername von Ernest Evans, so sein richtiger Name, perfekt. Schon die erste Single *The Class* verkaufte sich anständig. Der richtige Durchbruch kam dann mit *The Twist,* zu dem eigens ein Tanz entwickelt wurde. Das Aufkommen der Beatmusik beendete die Erfolgssträhne von Chubby Checker.

17a) Peter Kraus

Peter Siegfried Krausnecker machte bereits mit 14 Jahren Karriere als Schauspieler in *Das fliegende Klassenzimmer.* Begeistert vom Rock 'n' Roll lernte er Gitarre und brachte als „deutscher Elvis" die Mädels zum Kreischen. Bis Mitte der 60er war Peter Kraus, so sein Künstlername, regelmäßig in den Charts. Dann ebbte die Rock-'n'-Roll-Welle ab. Auf Druck seines Produzenten nahm er den Walzer *Schwarze Rose, Rosemarie* auf. Diese Platte wurde die meistverkaufte Single seines Lebens.

18b) Kassettengerät

1963 brachte Philips den ersten Kassettenrekorder auf den Markt. Das Gerät ermöglichte neben dem reinen Abspielen von Kassetten jetzt auch die Tonaufzeichnung. Nach und nach verdrängte das Gerät damit das unhandlich große Tonbandgerät. Die tragbaren Kassettengeräte waren leicht zu bedienen und konnten auch mit Batterien betrieben werden. Musik ließ sich nun von der Schallplatte oder aus dem Radio direkt auf die Kassette überspielen. Fünf Jahre später gab es die ersten Kassettengeräte für Autos.

19a) *I can get no satisfaction*

Entstanden ist „einer der besten Songs aller Zeiten", weil Keith Richards nicht schlafen konnte. So zupfte er in der Nacht zum 7. Mai 1965 auf seiner Gitarre herum, während der Kassettenrekorder sein Spiel aufzeichnete. Mick Jagger schrieb am Morgen den Text dazu. Noch im selben Monat erschien die Single in den USA. Sie stieg bis auf Platz 1, genauso wie wenig später in Großbritannien. *Newsweek*, ein amerikanisches Nachrichtenmagazin, titelte über den Songanfang: „fünf Noten, die die Welt erschütterten".

20b) Sputniks

1963 wurde aus den Telestars und den Magdeburger Big Town Boys die Band Sputniks. Sie entwickelte sich schnell zu einer der beliebtesten Beatbands der DDR. Gespielt wurden gängige Westtitel, aber auch instrumentale Eigenkompositionen. Nach Ausschreitungen im Anschluss an ein Rolling-Stones-Konzert in der Berliner Waldbühne verbot die DDR-Führung alle Beatbands. Das bedeutete 1966 auch das Aus für die Sputniks. 30 Jahre später wurden sie wieder ins Leben gerufen und spielen seitdem u. a. Beat.

21c) The Rolling Stones

Seit 1962 gibt es die Band um die Musiker Keith Richards und Mick Jagger. Damit ist sie die dienstälteste Rockgruppe der Welt und zugleich die kommerziell erfolgreichste. Namensgeber der „rollenden Steine" war ein Song von Muddy Waters. Gespielt wurde zu Beginn in Clubs, wo sie von Andrew Loog Oldham entdeckt wurden. Er übernahm das Management der Gruppe und baute sie erfolgreich als bösen Gegenpart zu den Beatles auf. Drogen- und Alkoholexzesse sowie Ausschreitungen bei den Konzerten festigten dieses Image.

22c) Led Zeppelin

Jimmy Page, dem Gitarristen der Band, wurde vor der Gründung prophezeit, dass seine Band mit dieser Art von Musik abstürzen würde wie ein bleierner Zeppelin. Weit gefehlt! Die Musiker Jimmy Page, Robert Plant, John Paul Jones und John Bonham gaben sich den Namen Led Zeppelin und wurden mit 300 Millionen verkauften Alben zu einer der erfolgreichsten Rockbands. *Stairway to Heaven* ist eines ihrer Meisterstücke. Sie traten nur selten im Fernsehen auf, dafür entschädigten sie ihre Fans mit berauschenden Konzerten. Mit dem Tod von John Bonham 1980 löste sich die Band offiziell auf.

23b) *Beat-Club*

Am 25. September 1965 startete die erste deutsche Popsendung im Fernsehen, produziert von Radio Bremen. Moderiert wurde sie von Uschi Nerke und wechselnden Co-Moderatoren. Jimi Hendrix, Deep Purple und die Bee Gees traten dort u. a. live auf und begeisterten die Jugend. Bei der Elterngeneration stießen diese Auftritte eher auf Unverständnis und man empörte sich über die „singenden Affen". Der Sendung schadete das nicht. 83 Folgen wurden ausgestrahlt, bis sie 1972 eingestellt wurde.

Uschi Nerke und Manfred Sexauer

24b) Stanley Kubrick

Er gehört zu den ganz großen Regisseuren des 20. Jahrhunderts. Er wurde 1928 in New York City geboren, lebte ab den 60ern aber in Großbritannien, wo er sich ein Filmstudio und Schnitträume einrichtete. Stanley Kubrick war ein Perfektionist, der sich auf kein Genre festlegen wollte. Er drehte Historienfilme wie *Spartacus*, Horrorfilme wie *Shining*, wagte sich an Science-Fiction und Antikriegsfilme. Mehrmals wurde er für den Oscar nominiert, hat die höchste aller Filmauszeichnungen aber nie erhalten. Er starb 1999.

25d) Elizabeth Taylor und Richard Burton

Beim Dreh zu *Cleopatra* lernten sie sich kennen und wurden auch im richtigen Leben ein Paar. Sie waren einander verfallen, konnten nicht ohne einander, aber auch nicht miteinander leben. Sie heirateten einander zwei Mal. Die erste Ehe hielt zehn Jahre, die zweite nicht einmal zehn Monate. Skandale, Alkohol- und Drogenexzesse, Eifersuchtsdramen und ein Leben in Luxus mit Privatjet, Yacht, teuren Autos und Diamanten prägten ihre Beziehung. Sie drehten insgesamt elf Filme zusammen.

26a) Aufklärungsfilm

In den 60er-Jahren rollte eine Welle von Aufklärungsfilmen durch die Bundesrepublik Deutschland. Sexualität wurde zum Thema und dokumentarisch aufbereitet. *Helga – Vom Werden des menschlichen Lebens* wurde im Auftrag der damaligen Gesundheitsministerin Käte Strobel gedreht und kam 1967 in die Kinos. Der eher biedere Film, der Helga von der Schwangerschaft bis zur Geburt begleitet, wurde unerwartet zum Kassenhit. Fünf Millionen Menschen sahen den Film allein in der BRD. Zwei weitere *Helga*-Filme folgten.

27c) Dennis Hopper

Seine Karriere begann in den 50er-Jahren. An der Seite von James Dean spielte er in *Denn sie wissen nicht, was sie tun ...* und in *Giganten*. Berühmt wurde das „Enfant terrible" Hollywoods aber mit *Easy Rider*. Es war seine erste Regiearbeit. Darüber hinaus hatte er das Drehbuch geschrieben und spielte eine der Hauptrollen. Ihm gelang ein Film, mit dem sich eine ganze Generation identifizierte. Dennis Hopper spielte in der Folge in unzähligen hochkarätigen Filmen mit. 2010 starb er im Alter von 74 Jahren.

Dennis Hopper und Peter Fonda in *Easy Rider*

28b) Pierre Brice

Er gab Winnetou sein Gesicht. Millionen von Menschen sahen in ihm den Apachenhäuptling, der in jedem Karl-May-Film gegen das Böse kämpft. Kein Wunder, denn von 1962–68 entstanden insgesamt elf Streifen, in denen er den Winnetou spielte. Pierre Brice wurde zum Teenie-Schwarm. Die *BRAVO* gab sogar einen Winnetou-Starschnitt heraus. Als die Begeisterung für Karl May nachließ, war Pierre Brice endgültig auf das Image des Indianer-Darstellers festgelegt.

29a) Anthony Quinn

Anthony Quinn, mit bürgerlichem Namen Antonio Rudolfo Oaxaca Quinn, setzte sich mit dem Film *Alexis Sorbas* ein Denkmal. Er hatte zuvor schon in *La Strada – Das Lied der Straße* von Federico Fellini und anderen großen Filmen gespielt. Mit keinem wurde er so identifiziert wie mit dem Griechen Sorbas, für den er eine Oscar-Nominierung bekam. Den Academy-Award hatte er da bereits zweimal als bester Nebendarsteller gewonnen. Anthony Quinn hatte insgesamt 13 Kinder von fünf Frauen. Er starb 2001.

30a) **Mr. Stringer**

Auch im richtigen Leben stand Mr. Stringer der Amateurdetektivin Miss Marple zur Seite. Dort hieß er Stringer Davis und war der Ehemann von Margaret Rutherford, die in vielen Agatha-Christie-Verfilmungen die kauzige alte Dame verkörperte. Die Figur des Mr. Stringer wurde auf Drängen von Margaret Rutherford in die Drehbücher geschrieben, da sie ohne ihren Mann nicht vor die Kamera wollte. In den Buchvorlagen gibt es die Figur nicht.

31c) *Der 7. Sinn*

Von 1966 bis 2005 warnte *Der 7. Sinn* vor gefährlichen Situationen im Straßenverkehr, erläuterte Verkehrsregeln und gab Tipps im Umgang mit dem Fahrzeug. Zielgruppe waren erwachsene Verkehrsteilnehmer, insbesondere Autofahrer. Die Filme, die nur drei Minuten lang waren, liefen teilweise zur besten Sendezeit, um ein möglichst großes Publikum anzusprechen. Für die Produktion, die in Kooperation mit der deutschen Verkehrswacht hergestellt wurde, wurden mehr als 1000 Autos zu Schrott gefahren.

32d) **Peter Sellers**

1963 kam *Der rosarote Panther* in die Kinos. Der Film von Blake Edwards begeisterte Zuschauer auf der ganzen Welt, sodass bis 1978 noch vier weitere „Rosarote Panther-Filme" gedreht wurden. In allen spielte Peter Sellers den tollpatschigen Inspector Clouseau, der mit einem übersteigerten Selbstvertrauen ausgestattet von einem Missgeschick zum nächsten stolpert. Peter Sellers starb 1980, Clouseau lebte weiter, denn Blake Edwards montierte 1982 aus vorhandenem Material einen neuen Film mit Peter Sellers als Inspector.

David Niven Peter Sellers Robert Wagner Capucine und Claudia Cardinale als Prinzessin **DER ROSAROTE PANTHER**

33b) Dustin Hoffman

Als 1967 *Die Reifeprüfung* in die Kinos kam, wurde Dustin Hoffman über Nacht zum Star. Es war erst sein zweiter Film überhaupt. Für die Darstellung des College-Studenten, der von der doppelt so alten Mrs. Robinson verführt wird, erhielt er den Golden Globe als bester Nachwuchsdarsteller. Dustin Hoffman bekam in der Folge viele Filmangebote und entwickelte sich zu einem der gefragtesten Charakterdarsteller Hollywoods. Er gewann zweimal den Oscar sowie mehrere Golden Globes.

34d) François Truffaut

Schon mit seinem ersten Kinofilm *Sie küssten und sie schlugen ihn* aus dem Jahr 1959 gewann er den Regiepreis in Cannes.

François Truffaut begründete zusammen mit Jacques Rivette, Jean-Luc Godard und Claude Chabrol die Nouvelle Vague, den modernen französischen Autorenfilm. In dieser Tradition steht auch *Jules und Jim*, eine poetische Dreiecksgeschichte, die 1962 in die Kinos kam und bald darauf zum Klassiker wurde, wie viele andere Filme von ihm auch. François Truffaut starb 1984 im Alter von 52 Jahren.

35b) Holly Golightly

Die Rolle der Holly Golightly machte Audrey Hepburn unsterblich. Der Film basiert auf dem 1958 veröffentlichten Roman *Breakfast At Tiffany's* von Truman Capote. Der Regisseur Blake Edwards verfilmte den Stoff 1961, nicht ohne ein hollywoodtaugliches Happy End hinzuzufügen. Audrey Hepburn spielt darin die Hauptfigur Holly Golightly, die sich als Partygirl mit ihrer erfrischenden Art und viel Charme durchs Leben schlägt. Auf der Suche nach einem reichen Mann entdeckt sie schließlich ihre Liebe zu dem mittellosen Schriftsteller Paul.

36a) *Wer die Nachtigall stört*

1960 erschien das Buch *Wer die Nachtigall stört* von Harper Lee in den USA. Kurz darauf bekam es den Pulitzer-Preis, wurde zur Schullektüre und zwei Jahre später verfilmt. Gregory Peck spielt darin den engagierten Anwalt Atticus Finch, der bereit ist, einen Schwarzen gegen den Vorwurf der Vergewaltigung an einer weißen Frau zu verteidigen. Dafür bekommt er den Hass der amerikanischen Kleinstadt zu spüren. Erzählt wird die Geschichte aus der Perspektive seiner kleinen Tochter Jean Louise, genannt Scout.

Sean Connery

37b) Sean Connery

1962 erschien mit *James Bond – 007 jagt Dr. No* der erste einer ganzen Reihe von Bond-Filmen. Sean Connery, bis dahin eher unbekannt, wurde durch die Rolle als Agent im Dienste Ihrer Majestät weltberühmt. In insgesamt sieben Filmen spielte er den Agenten 007 mit der Lizenz zum Töten und brachte größenwahnsinnige Gangster zur Strecke. In den 60er-Jahren erschienen allein sechs Bond-Filme (der letzte mit George Lazenby in der Hauptrolle) und sorgten für ein regelrechtes „Bondfieber".

38c) Omar Sharif

Der Ägypter Omar Sharif wurde durch das Wüstenepos *Lawrence von Arabien* bekannt. Weltruhm erlangte er aber mit seiner Rolle als *Doktor Schiwago*, der 1965 auf die Leinwand kam. Der hochkarätig besetzte Film wurde mit fünf Oscars ausgezeichnet. Omar Sharif bekam keinen davon, wurde aber mit dem Golden Globe als bester Hauptdarsteller für seine Leistung geehrt. Obwohl Omar Sharif viele weitere Filme drehte, konnte er erst 2003 mit *Monsieur Ibrahim und die Blumen des Koran* an alte Erfolge anknüpfen.

39c) *Der schwarze Kanal*

1519 Folgen flimmerten von 1960–89 über den Bildschirm. Die politisch-agitatorische Sendung aus der Zeit des Kalten Krieges verstand sich als Antwort auf *Die rote Optik*, die in der Bundesrepublik bis 1960 ausgestrahlt wurde. Im schwarzen Kanal präsentierte Karl-Eduard von Schnitzler Ausschnitte aus dem Westfernsehen, welche von ihm kommentiert, die Propaganda des „Klassenfeindes" entlarven sollten.

40b) **mit Schirm, Charme und Melone**

Von 1961–69 wurden von der englischen Erfolgsserie *The Avengers* (Die Rächer) 161 Folgen produziert, 57 davon in Farbe. Die populären Filme kamen ab 1965 unter dem etwas biederen Titel *Mit Schirm, Charme und Melone* auch nach Deutschland. Das ungleiche Agentenduo John Steed und Emma Peel löste seine Fälle mit Ironie und Fantasie; er formvollendet mit Melone, sie mitunter im Katzendress und mit Karate. In ihrer Verrücktheit bildeten beide den Gegenpol zu den James-Bond-Filmen.

Patrick Macnee und Diana Rigg

41a) *Bonanza*

Die Serie startete 1959 im US-Fernsehen und entwickelte sich zu einer der meistgesehenen Serien in den USA. Ab 1962 ritten Ben Cartwright und seine Söhne Adam, Little Joe und Hoss auch in Deutschland über den Bildschirm – allerdings nicht lange. Der ARD war die Serie zu brutal, und schon nach 13 Folgen war Schluss. Ab 1967 strahlte das ZDF alle Bonanza-Folgen in Farbe aus. 1973, nach 14 Jahren Western-Romantik, fielen die Türen der Ponderosa-Ranch endgültig zu.

42b) *Das Halstuch*

Deutschland war im Krimifieber. Der sechsteilige Film nach einer Romanvorlage von Francis Durbridge machte die ganze Nation zu Kommissaren. Alle versammelten sich für die 40-minütigen Folgen vor den Bildschirmen und versuchten zu erraten, wer der Halstuchmörder war. Zur Sendezeit waren die Straßen leer, selbst Fabriken änderten ihre Schichtpläne. Der „Straßenfeger" erreichte die traumhafte Einschaltquote von 92 %. Kritik an der Serie gab es, als es nach der Ausstrahlung zu Nachahmungstaten kam.

43d) Lassie

Der Collie Lassie war in den USA schon längst ein Star, bevor die Filme mit dem klugen und treuen Hund auch in Deutschland ausgestrahlt und sofort populär wurden. Die Filmfigur basiert auf einer Kurzgeschichte von Eric Knight, die 1938 erschien. Die erste Verfilmung entstand 1943. In Deutschland lief die erste Folge 1958. Unzählige Folgen wurden ausgestrahlt und machten Lassie zu einem der berühmtesten Filmhunde. Neben ihm haben Rin Tin Tin und Strongheart ebenfalls einen Stern auf dem Hollywood Walk of Fame.

44) Norma Jeane Baker

Auf ihrer Geburtsurkunde wurde am 1. Juni 1926 der Name Norma Jeane Mortenson eingetragen. Bei der kirchlichen Taufe am 6. Dezember 1926 ließ ihre Großmutter Della Mae Monroe dann aber den Namen Norma Jeane Baker eintragen, um zu vertuschen, dass das Kind unehelich geboren war.

45) Sie wurde ermordet.

Am 9. August 1969 wurde die schwangere Schauspielerin zusammen mit vier weiteren Personen in ihrem Haus von den Mitgliedern der Manson-Family, einer Sekte, brutal ermordet. Die Mörder, darunter auch Charles Manson, wurden zu lebenslanger Haft verurteilt.

Schlagersängerin Manuela und Showmaster Vico Torriani

46b) 1967

Am 25. August 1967 drückte Willy Brandt auf der 25. Funkausstellung in Berlin auf den roten Knopf, um die Ära des Farbfernsehens einzuläuten. Der symbolische Akt des damaligen Vizekanzlers kam ein wenig zu spät, denn ein eifriger Techniker hatte das Bild schon ein paar Sekunden vorher von Schwarz-Weiß auf Farbe geschaltet. Deutschland war das erste Land in Europa, welches farbig sendete. Eröffnet wurde das Farbprogramm mit der populären Spielshow *Der Goldene Schuss*.

47a) Doria

Die „Flying Dorias", eine fiktive Zirkusfamilie, brachten ab 1969 Zirkusluft ins heimische Wohnzimmer. Die erste Staffel von *Salto Mortale* wurde von Januar 1969 bis Juni 1969 in zehn Folgen ausgestrahlt. Aufgrund der großen Resonanz gab es von Oktober 1971 bis Januar 1972 weitere acht Folgen. Jede Folge dauerte 60 Minuten und spielte an einem anderen Gastspielort. Die Titelmusik wurde zu einem Klassiker und häufig in realen Zirkusvorstellungen gespielt.

48d) *Raumpatrouille Orion*

Raumpatrouille – Die phantastischen Abenteuer des Raumschiffes Orion waren eine Fernsehsensation. Die erste deutsche Science-Fiction-Fernsehserie ging im September 1966 an den Start. Der für damalige Verhältnisse relativ teuren Produktion stand man zu Unrecht eher skeptisch gegenüber. Die Serie mit den sieben Episoden entwickelte Kultstatus. Schon bei der Erstausstrahlung saß die halbe Nation vor dem Fernseher und verfolgte gebannt die Abenteuer von Commander McLane und seiner Besatzung.

49c) Joachim Fuchsberger

Die 60er waren Edgar-Wallace-Jahre. Ab 1961 verfilmte die Rialto Film insgesamt 32 Wallace-Romane. Joachim Fuchsberger übernahm in den düsteren Krimis häufig die Rolle des smarten Kommissars und Frauenbeschützers. Er war u. a. Inspektor Wade, Inspektor Larry Holt, Inspektor Mike Dorn, Inspektor Higgins oder auch einmal der Gutsverwalter Dick Alford. Die ersten Filme wurden noch in Schwarz-Weiß gedreht, erst ab 1966 ermittelte er auch in Farbe. Als 2007 eine Parodie auf *Der Hexer* herauskam, war Joachim Fuchsberger wieder mit dabei.

50c) Professor Dr. Bernhard Grzimek

Er schrieb und moderierte die Sendung bis in die 80er-Jahre. Insgesamt wurden 175 Folgen ausgestrahlt, die am Anfang nur eine Viertelstunde lang waren. Aufgrund des großen Zuspruches wurde die Sendezeit nach und nach auf 45 Minuten ausgeweitet. Bernhard Grzimek war der Direktor des Frankfurter Zoologischen Gartens, was seine Sendungen besonders glaubwürdig und informativ machte. In jede Folge brachte er ein Zootier mit, das sich frei bewegen konnte. Der Komiker Loriot setzte ihm mit dem „Steinlaus-Sketch" ein Denkmal.

51a) Rex Gildo

Schon bevor er ein gefeierter Schlagerstar wurde, drehte Ludwig Franz Hirtreiter, so sein bürgerlicher Name, Filme. Erst als er einen Plattenvertrag bekam, legte er sich seinen Künstlernamen zu. Seine Gesangskarriere startete Anfang der 60er-Jahre mit dem Lied *Sieben Wochen nach Bombay*, welches sich auf einem beachtlichen 13. Platz in den deutschen Charts platzieren konnte. Er sang im Duett mit Cornelia Froboess und Gitte Haenning und spielte allein von 1960–70 in 16 Filmen mit. Er starb 1999 bei einem Sturz aus dem Fenster.

Rex Gildo und Cornelia Froboess

52c) *Was bin ich?*

Das heitere Beruferaten mit Robert Lemke lief von 1955–58 und von 1961–89 im ZDF. Mit insgesamt 337 Folgen war es die langlebigste Quizshow im deutschen Fernsehen. Hans, Annette, Guido und Marianne gehörten zum Rateteam der zweiten Auflage. Sie mussten die teilweise skurrilen Berufe der Studiogäste anhand eines Hinweises und einer Handbewegung erraten. Allerdings durften sie dazu nur Fragen stellen, die sich vom Gast mit Ja oder Nein beantworten ließen.

53c) Alfred Hitchcock

Alfred Joseph Hitchcock war ein Meister der Spannung. In insgesamt 53 Spielfilmen lehrte er die Zuschauer das Grausen. Er war sechsmal für den Oscar nominiert, ging jedoch immer leer aus. Königin Elisabeth II. erhob ihn am 3. Januar 1980 in den britischen Adelsstand. Im April des gleichen Jahres starb Sir Alfred Joseph Hitchcock. *Die Vögel* entstand 1963, angelehnt an eine Kurzgeschichte gleichen Namens von Daphne du Maurier. Tippi Hedren bekam für ihre Rolle den Golden Globe Award als beste Nachwuchsdarstellerin.

54b) Flipper

Flipper kam 1963 in die amerikanischen Kinos. In Serie gingen die Geschichten um den freundlichen Delfin 1964. 88 Folgen wurden gedreht und die Reihe lief drei Jahre. In Deutschland war *Flipper* ab 1966 zu sehen. Das eingängige Titellied „Man ruft nur Flipper, Flipper, gleich wird er kommen, jeder kennt ihn – den klugen Delfin ..." konnte bald fast jedes Kind singen. Insgesamt fünf weibliche Tümmler übernahmen im Laufe der Zeit die Rolle von Flipper. Ihr Trainer Ric O'Barry sprach sich Jahre später vehement gegen die Tierdressur aus.

55a) Peter O'Toole

Es war die Rolle seines Lebens. 1962 brillierte er in David Leans Wüstenepos und erhielt dafür seine erste Oscar-Nominierung sowie einen Golden Globe Award als bester Nachwuchsdarsteller. Damit begann eine überaus erfolgreiche Karriere als Schauspieler. Zuvor hatte er sich als Theaterschauspieler einen Namen gemacht. Mit gerade einmal 23 Jahren wurde er der jüngste Hamlet der englischen Theatergeschichte. Peter O'Toole war achtmal für den Oscar vorgeschlagen, hat ihn aber nie bekommen.

Peter O'Toole und Anthony Quinn

56b) Jim Knopf und Lukas der Lokomotivführer

Die Augsburger Puppenkiste war fester Bestandteil der Fernsehunterhaltung der 60er-Jahre. Die ganze Familie saß vor dem Bildschirm, wenn sich die Kiste öffnete und ein neues Stück preisgab. 1961–62 wurde *Jim Knopf und Lukas der Lokomotivführer* in insgesamt fünf Teilen ausgestrahlt, natürlich in Schwarz-Weiß. Erst die Neuverfilmung von 1977–78 war in Farbe. Über 30 Serien und an die 70 Einzelsendungen entstanden zusammen mit dem Hessischen Rundfunk.

57) *Aktenzeichen XY ungelöst*

Die erste Sendung wurde am 20. Oktober 1967 ausgestrahlt. Seitdem hat sie sich kaum verändert. 30 Jahre lang gab ihr Eduard Zimmermann ein Gesicht und bekam dafür 1977 anlässlich der 100. Sendung das Bundesverdienstkreuz verliehen. Inzwischen gab es mehr als 400 Ausstrahlungen.

58) **Mainzelmännchen**

Der faule Anton, der fleißige Berti, der musische Conni, der schlaue Det, der schelmische Edi und das sportliche Fritzchen sind die sechs Mainzelmännchen. Benannt wurden sie nach dem Sitz des ZDF in Mainz und ihrer Ähnlichkeit mit Heinzelmännchen. Die lustigen Einspieler trennen bis heute die Werbung vom Programm.

59b) **John Lennon**

John Lennon spielte in dem 1967 erschienenen Film die eher kleine Rolle des folgsamen Musketiers Gripweed. Werbewirksam war er jedoch auf dem Filmplakat der Antikriegsgroteske abgedruckt. Nicht ohne Grund, denn die Beatles waren zu diesem Zeitpunkt auf dem Höhepunkt ihrer Karriere. Der US-amerikanische Regisseur Richard Lester hatte vorher schon mit der berühmten Band zusammengearbeitet und die beiden Beatles-Filme *Yeah Yeah Yeah* (*A Hard Day's Night*, 1964) und *Hi-Hi-Hilfe!* (*Help!*, 1965) gedreht.

60a) Sidney Poitier

Seine Karriere war beispiellos. Er jobbte als Tellerwäscher und Straßenverkäufer, als Parkwächter und Packer und bewegte sich am unteren sozialen Rand. Er bekam eine Rolle am Theater und schaffte 1950 den Sprung zum Film. Seitdem spielte er vielbeachtete Rollen und bekam als erster Schwarzer den Oscar. In *In der Hitze der Nacht* von 1967 spielt er einen schwarzen Polizeidetektiv, der fälschlicherweise als Mörder verhaftet wird. Es gelingt ihm, die Rassenvorurteile des weißen Polizeichefs abzubauen, und sie lösen gemeinsam den Fall.

61c) Sam Peckinpah

Sacramento entstand 1962, im gleichen Jahr wie *Der Mann, der Liberty Valance erschoß* von John Ford. Beide Filme stehen für den Wendepunkt des Genres vom klassischen Western zum Spätwestern. Sie zeigen die Schwierigkeiten ihrer alternden Helden, sich an die veränderten Lebensbedingungen anzupassen. Statt sich zu ändern, gehen sie lieber unter. Sam Peckinpah schrieb einen Großteil der Dialoge aus dem Drehbuch neu.

62d) Yul Brynner

Der US-amerikanische Schauspieler Yul Brynner gehörte neben Charles Bronson, James Coburn, Steve McQueen, Robert Vaughn und Horst Buchholz zur hochkarätigen Besetzung von John Sturges Western. *Die glorreichen Sieben* (1960) ist eine Adaption von Akira Kurosawas Meisterwerk *Die sieben Samurai*. Neuer Schauplatz wurde der Wilde Westen, wo sieben Revolvermänner ein mexikanisches Dorf vor der Plünderung schützen. Yul Brunner wurde durch die Rolle des Chris Adams in dem Film sehr bekannt.

63b) Jean-Luc Godard

Er ist einer der bedeutendsten Filmregisseure der 60er-Jahre. *Außer Atem* war sein Debüt als Regisseur und gleich ein großer Erfolg. Für Jean-Paul Belmondo bedeutete die Rolle des Michel Poiccard den Durchbruch. Erzählt wird die Geschichte des Kleinganoven Michel, der auf der Flucht vor der Polizei in Paris Zwischenstation macht, dort die Amerikanerin Patricia trifft und sich in sie verliebt. Das ursprüngliche Drehbuch stammte von François Truffaut, den eine Zeitungsnotiz dazu inspirierte. Jean-Luc Godard schrieb es für den Film um.

64c) Mia Farrow

Der Horrorfilm *Rosemaries Baby* verschaffte Mia Farrow weltweit Anerkennung als Schauspielerin. Zuvor hatte sie bereits sehr erfolgreich in Fernsehserien gespielt. Für die Rolle der Rosemarie Woodhouse in Roman Polanskis Film wurde sie noch im Erscheinungsjahr 1968 mit mehreren Preisen geehrt. Ein Jahr später war sie in der Kategorie „Beste Nebendarstellerin" für den Oscar nominiert. Diesen Preis erhielt jedoch Ruth Gordon, die ebenfalls in *Rosemaries Baby* mitspielte.

65a) Gert Fröbe

1958 spielte Gert Fröbe den Kindermörder in *Es geschah am hellichten Tag*. Seine Leistung dort beeindruckte die Produzenten von *Goldfinger* so sehr, dass sie ihm die Rolle des Bösewichts Auric Goldfinger anboten, der durch den Schmuggel mit Gold das Währungssystem gefährdet. *Goldfinger* erschien 1964 und kam ein Jahr später in die bundesdeutschen Kinos. Der Film war kommerziell so erfolgreich, dass er bereits nach drei Wochen die Produktionskosten wieder eingespielt hatte. Der Titelsong, gesungen von Shirley Bassey, eroberte die Charts.

66c) Yves Saint Laurent

Der französische Modeschöpfer wollte mit seiner Mode bewusst schockieren. „Schönheit? Interessiert mich nicht. Was zählt, ist Verführung, ist der Schock." Den erzielte er 1966 vor allem in den prüden USA mit seinen durchsichtigen Blusen. Models, deren Brüste nur von einem hauchdünnen, kaum verhüllenden Stoff bedeckt waren, sorgten für gewaltiges Aufsehen und reichlich Gesprächsstoff. Frauen, die seine Entwürfe trugen, mussten darauf gefasst sein, dass sie nicht ohne Weiteres in jedem Restaurant Zutritt bekamen.

67b) Minirock oder Mini

Ein beherzter Schnitt mit der Schere führte zu einer wahren Moderevolution. Bevor die Londoner Modedesignerin Mary Quant zur Schere griff, soll sie sich über eine Kollegin, die Französin Coco Chanel geärgert haben. Diese hatte nämlich behauptet, die Knie wären der hässlichste Körperteil der Frauen. Mary Quant zeigte ihre fortan, und der Mini wurde zum Erfolgsrezept. Das kurze Kleidungsstück wurde zum Inbegriff des Sittenverfalls und vom Vatikan sogar verboten. Ohne Erfolg, denn bald zeigte selbst der Adel bei offiziellen Anlässen Knie.

68d) Twiggy

Im Alter von 15 Jahren wurden erste Modeaufnahmen von ihr gemacht, ein Jahr später wollte schon jede Frau aussehen wie sie: klapperdürr und knabenhaft. Sie wurde zum Schönheitsideal der 60er-Jahre und war eines der am besten bezahlten Models ihrer Zeit. Kritiker nannten sie die „teuerste Bohnenstange der Welt". Waren wenige Jahre zuvor noch üppige Formen und Rundungen wie bei Marilyn Monroe angesagt, wurde es nun schick, möglichst wenig Busen zu haben, davon aber viel zu zeigen.

69b) Blumen

Die bunten und fröhlichen Blumenmuster entwickelten sich in Folge der Hippie-Bewegung gegen Ende der 60er-Jahre. Die „Blumenkinder" und die „Flower-Power-Bewegung" fanden ihre modische Entsprechung in floralen Mustern. Sehr bunt und sehr groß zierten die stilisierten Blüten Tuniken, Blusen und Hosen. Getragen wurden die blumigen Stoffe vor allem von Frauen, die Männer hielten sich farblich eher bedeckt.

70a) Schlaghose

In der Mode setzte die weite Hose bis in die 70er Akzente. Im Zuge der Hippie-Bewegung wurden die ausgestellten Beinkleider modern. Eine neue Erfindung waren sie allerdings nicht. Zimmermänner, Maurer, ja selbst Matrosen trugen schon längst die Schlaghosen als Berufskleidung. Der weite Schlag sollte die Fußgelenke der Männer bei ihrer Arbeit vor Nässe und Dreck schützen. Den Namen verdankte die Hose übrigens dem Geräusch, das die weiten Hosenbeine beim Gehen machten.

71a) Gammel-Look

Gegen Ende der 60er-Jahre entstand der Hippie-Look. Er war zuerst vor allem Ausdruck der Rebellion gegen die Väter-generation, entwickelte sich aber schnell zum Modetrend. Die bunt und nachlässig angezogenen Jugendlichen wurden von den konservativen und etablierten Bevölkerungsschichten als Gammler abgetan. Die zerzausten langen Haare, weite Hosen und Blusen und der bunte Stilmix wurden als ungepflegt und schlampig empfunden. Die stellenweise abgewetzten Klamotten, alten Jeans und Herrenwesten fand man in Secondhand-Shops oder Army-Läden.

72c) großer Hut

Auffallen um jeden Preis, lautete die Devise. Das gelang besonders gut mit einem großen Hut. Breite Krempen und auffällige Farben waren dabei genauso vertreten wie die schlichten, vornehmen „Pillbox-Hüte", die durch Jacky Kennedy populär wurden. Die Palette der Hutmodelle wurde größer. Männer wagten sich an Strohhüte. Weitere wichtige Accessoires waren lange bunte Ketten, riesige Sonnenbrillen und Ledertaschen mit Fransen.

73c) Bienenkorb-Frisur

Zu Beginn der 60er-Jahre wuchsen die Frisuren der Damen in den Himmel. Die Haare wurden mit viel Ausdauer zu gewaltigen Bergen toupiert, die von der Form her an einen Bienenkorb erinnerten. Einmal mit enorm viel Haarspray in Form gebracht, musste die komplizierte Frisur mehrere Tage halten. Tägliches Haarewaschen entfiel. Wer nicht genug eigene Haare für die Hochfrisur mitbrachte, behalf sich mit Haarteilen. Eine der damals bekanntesten Beehive-Trägerin war die englische Soulsängerin Dusty Springfield.

74b) Metallkleider

Neben den Designern Courrèges und Yves Saint Laurent war es vor allem Paco Rabanne, der die Mode der 60er prägte. Inspiriert von allem, was mit Raumfahrt zu tun hatte, entwarf er Kleider aus Metallplättchen und Kettenhemden. Paco Rabanne galt als der „Klempner der Modebranche". Stellenweise benutzte er eher den Lötkolben als eine Nadel. Seine futuristische Mode erregte viel Aufsehen. Die ersten Science-Fiction-Serien im Fernsehen und die Mondlandung unterstützten diesen Modetrend.

75) Parka

Der Parka ist ein langer, oft gefütterter Anorak mit Kapuze, die bei manchen Modellen auch separat zum Anknöpfen ist. Zuerst diente das robuste Kleidungsstück lediglich dazu, die darunter getragene Kleidung zu schützen. Besonders die Mods sorgten für die Verbreitung des Halbmantels, da sie ihn zum Rollerfahren über ihren Anzügen trugen. Die Funktionsbekleidung mauserte sich innerhalb kurzer Zeit zum Trend-Outfit. Er war für viele Träger das äußere Zeichen einer inneren Grundeinstellung.

76) Hose

Ab Mitte der 60er-Jahre setzten sich Hosen für Frauen langsam durch. Die Hosenanzüge französischer Modemacher gaben den Trend vor, der trotz zahlreicher Ressentiments nicht aufzuhalten war. Trotzdem kam es bis Mitte der 70er-Jahre noch vor, dass Frauen der Zutritt zu Hotels oder Restaurants aufgrund der „unweiblichen" Hose verwehrt wurde.

77c) maßgeschneiderte Anzüge

Zu den Modernists, in der Kurzform Mods, gehörten vor allem junge Männer aus der unteren Mittelschicht. Mit ihrem gepflegten Äußeren wollten sie sich von anderen Jugendlichen, aber auch von ihren Eltern abheben. Anzug und Krawatte symbolisierten für sie Erfolg und Ansehen und waren ein klares Zeichen ihres gesellschaftlichen Aufstiegs. Nur mit dem Benehmen haperte es häufig. Schlägereien mit verfeindeten Gruppen, Straßenschlachten und Festnahmen waren an der Tagesordnung.

78b) Feinstrumpfhose

Sie sind wie Topf und Deckel: Ohne die Feinstrumpfhose hätte der Minirock nicht diesen Erfolg gehabt, und ohne den Mini wäre die Feinstrumpfhose nie so sehr in den Fokus gerückt. Vorbei die Zeit von Strumpf- und Hüfthaltern sowie dicken Strümpfen, die wahrlich nicht sexy waren. Moderne Materialien und verbesserte Fertigungsmethoden brachten neben einem wesentlich feineren Nylonstrumpf auch noch Farbe ins Spiel. Der Mini ließ sich jetzt auch im Winter tragen und auch die High Society trug den kurzen Rock nun dank Feinstrumpfhose.

79b) Jesuslatschen

Der ursprünglich abschätzige Begriff für die schlichten Sandalen, die bevorzugt von Hippies getragen wurden, setzte sich durch. So weit, dass es selbst in der DDR ein Pendant dazu gab: die Römersandale. Ob Jesus oder Römer, in jedem Fall bestand die Sandale, in der man meilenweit marschieren und demonstrieren konnte, aus einfachen Materialien: Leder, Gummi oder Kunstleder. Das schlichte Schuhwerk ohne Absatz und Fußbett wurde durch Riemchen am Fuß gehalten und erlangte Kultstatus.

80a) amerikanischen Filmschauspielerinnen

Nie zuvor gab es so viele modische Vorbilder wie in den 60ern. Modebewusste Frauen orientierten sich dabei vor allem an amerikanischen Schauspielerinnen wie Audrey Hepburn, die mit schlichten schwarzen Kleidern und flachen Ballerinas Trends setzte. Auch Models wie Brigitte Bardot und Twiggy eiferte Frau in puncto Kleidung nach. Als Stilikone galt auch Jacqueline Kennedy. Was sie trug, wurde bald darauf zur anerkannten Mode.

81c) Bikini

Im Film *James Bond – 007 jagt Dr. No* aus dem Jahr 1962 entsteigt Ursula Andress in der Rolle der Muscheltaucherin Honey Ryder dem Meer – nur bekleidet mit einem weißen Bikini, der in der Folge das Strandbekleidungsstück Nummer eins wurde. Bis dahin hatte sich die 1946 erfundene Badebekleidung nicht durchsetzen können. Sie galt als schamlos und war an vielen Stränden verboten. 2001 wurde der Original-Film-Bikini für rund 60.000 US-Dollar versteigert und damit zur teuersten Badebekleidung aller Zeiten.

Ursula Andress

82d) Cordhose

Der Stoff für die Manchester-Hose wurde hauptsächlich in der gleichnamigen englischen Stadt hergestellt. „Schnürlsamt" oder „Cord" sagte damals niemand. Die Hose war ähnlich den Schlaghosen weit ausgestellt und vor allem bei jungen Männern sehr beliebt. Manchen konnte der Schlag nicht weit genug sein. Sie trennten die Hose an der Naht auf und setzten zusätzlich ein dreieckiges Stück Stoff, oft in einer anderen Farbe oder einem anderen Muster, ein. Getragen wurde sie knapp auf der Hüfte in Verbindung mit einem Gürtel.

83d) Mary Quant

Die Modedesignerin eröffnete bereits mit 21 Jahren ihr erstes Geschäft in London. Im *Bazaar* verkaufte sie erschwingliche Mode für junge Leute. Sie entwarf eigene Modelle und war damit so erfolgreich, dass weitere Geschäftseröffnungen folgten. Besonders ihr Minirock hatte es den Frauen angetan, und auch die französischen Modemacher nahmen den kurzen Rock in ihre Kollektionen auf. Mary Quant wurde 1966 von Queen Elisabeth II. für ihre Verdienste um die britische Außenhandelsbilanz geehrt und erschien natürlich im Minirock.

Mary Quant (r.) mit Models

84c) Je kürzer die Röcke, desto länger die Haare.

Trugen die Männer zu Beginn der 60er-Jahre noch kurze Haare, änderte sich das bei vielen spätestens mit den Beatles. Nicht selten wurde die Frisur zum Streitpunkt zwischen den Generationen. Die „unordentliche Beatles-Frisur" brachte so manches Familienoberhaupt in Rage. Ein paar Jahre später wünschte sich so mancher Vater angesichts der daraus gewordenen langen Zottelmähne die Pilzfrisur zurück. Minderjährigen Töchtern drohte ähnliches Ungemach in Bezug auf den Minirock, der im Laufe der Jahre immer kürzer wurde.

85) Niethose

Mit dem Begriff „Niethose", den die DDR-Regierung für die Jeans erfand, wollte man sich auch sprachlich vom Klassenfeind im Westen absetzen. Anglizismen waren verpönt, die DDR-Jugend sollte deutsch sprechen. Jeansträger waren den DDR-Oberen generell ein Dorn im Auge und galten als Gammler und Asoziale. Es erwies sich jedoch als unmöglich, das Kleidungsstück samt seiner englischen Bedeutung langfristig zu verhindern.

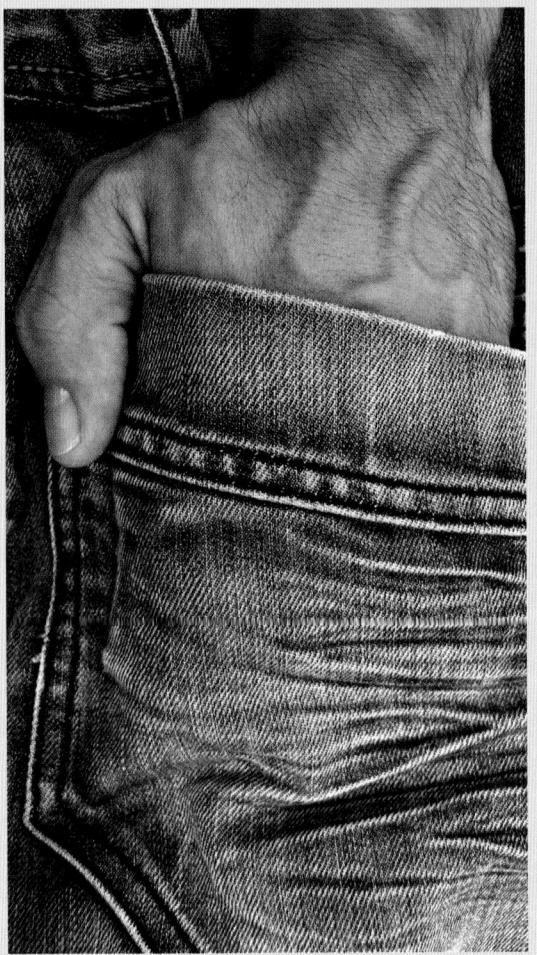

86) **Haarspray**

Die zu Beginn der 60er so beliebten Hoch-frisuren wären ohne Haarspray überhaupt nicht denkbar gewesen. Die Sprühdose wurde zum unverzichtbaren Utensil jeder Frau. „Viel länger frisch frisiert" warb taft und hatte Erfolg damit. Das „Haar taften" wurde zum Begriff, das Spray selbst zum Trendprodukt.

87a) **Krawatten**

Mit der Hippie-Bewegung änderte sich die Mode schlagartig. Grelle bunte Farben, Schlaghosen, Blumen im Haar und wallende Blusen lagen im Trend. Kleidung, inspiriert von den Eskimos und Indianern, provozierte. Die unkonventionelle Mode bildete den Gegenpol zu Anzug, Hemd und Krawatte, die zum Feindbild erklärt wurden. Insbesondere die Krawatte galt bei der 68er-Studentenbewegung als Symbol für das Establishment und wurde deshalb strikt abgelehnt.

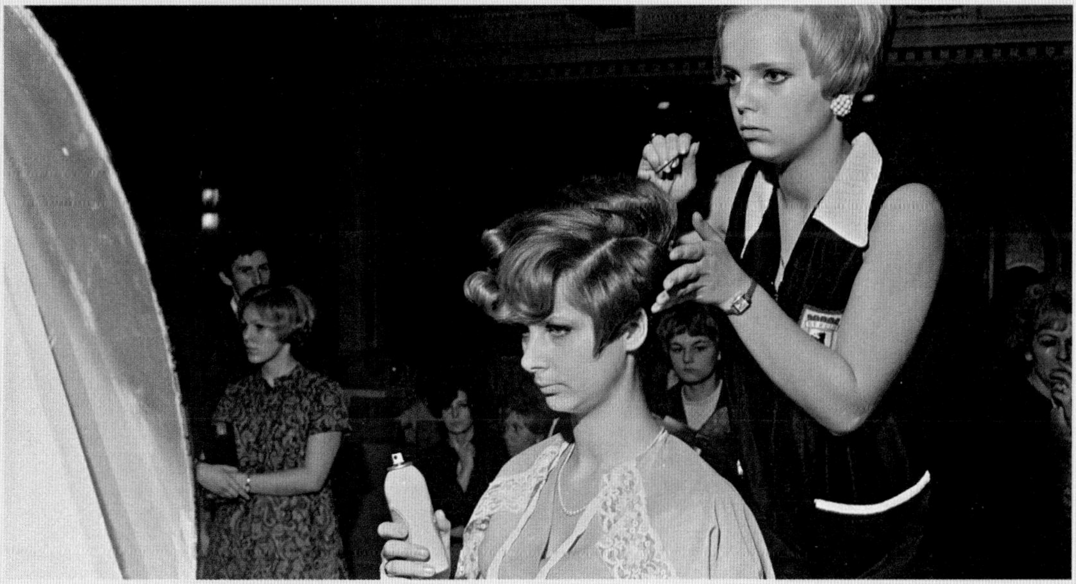

88d) A-Linie

Die A-Linie ist eine aus den 60er-Jahren stammende Schnittform. Wie der namensgebende Buchstabe beginnt sie im oberen Teil schmal und wird zum Saum hin weiter. Kreiert wurde der Kleiderschnitt von Christian Dior, von dem auch die H-Linie sowie die Y-Linie stammen. Kleider in A-Linie schmeichelten vor allem Frauen mit einem kleinen Bauchansatz, sofern die Proportionen erhalten blieben. Kaum ein Kleid kam in den 60er-Jahren ohne den A-Linien-Schnitt aus.

89a) Batik-Bluse

Neben Schlaghosen, Felljacken, weiten Gewändern, Blumen, Stirnbändern und langen Haaren gehörten auch bunte Batikblusen zum Erscheinungsbild der Hippies. Oft hatten die luftigen Oberteile weite Trompetenärmel und waren am Halsausschnitt mit Kordeln und kleinen Glöckchen versehen. Prominenteste Trägerin der Batik-Mode in den 60ern war die US-amerikanische Sängerin Janis Joplin. Bis weit in die 70er-Jahre waren Batik-Muster beliebt und wurden häufig selbst gebunden und gefärbt.

Janis Joplin

90c) Franz Josef Strauß

1965 wurde die Journalistin Ulrike Marie Meinhof vom Amtsgericht München verurteilt. Verklagt hatte sie der CSU-Vorsitzende Franz Josef Strauß, der sich von ihrem Artikel in der Zeitschrift *konkret* verleumdet fühlte. Darin griff sie die Zeitschrift *stern* dafür an, dass sie „dem infamsten deutschen Politiker" Platz für eine 14-tägige Meinungsäußerung einräumte. Vor Gericht ging es insbesondere um die Auslegung des Wortes „infam". Das Urteil: 600 DM Geldstrafe.

91a) Vera Brühne

Gemeinsam mit ihrem Bekannten Johann Ferbach wurde Vera Brühne angeklagt, den Münchner Arzt Otto Praun und seine Geliebte Elfriede Kloo ermordet zu haben. Als man die Leichen der beiden in der Villa am Starnberger See fand, ging die Polizei von einem gemeinschaftlichen Selbstmord aus. Erst das massive Beharren des Sohnes von Praun brachte den Prozess ins Rollen. Zu diesem Zeitpunkt waren die meisten Spuren schon verwischt. Das Gericht verurteilte die beiden Angeklagten aufgrund von Indizien.

92b) Contergan

Contergan kam am 1. Oktober 1957 in den Handel. Das Medikament wurde vom Hersteller Grünenthal als Beruhigungs- und Schlafmittel angepriesen. Viele Schwangere nahmen das rezeptfreie Mittel auch gegen die Morgenübelkeit ein. Erst als Mediziner eine Zunahme von Missbildungen bei Neugeborenen feststellten und in Verbindung mit Contergan bringen konnten, wurde es am 26. November 1961 vom Markt genommen – für viele zu spät. Allein in Deutschland kamen 5000 Kinder mit Missbildungen zur Welt.

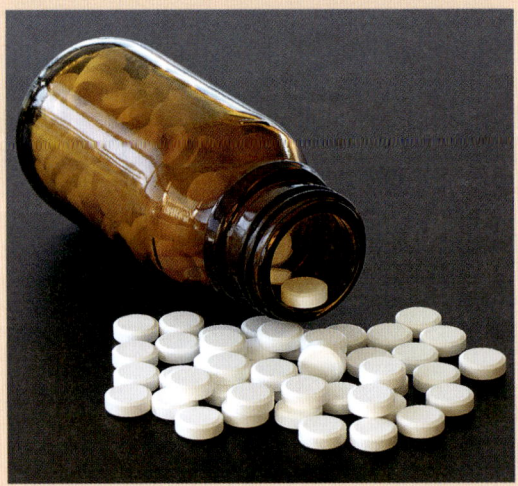

93a) Buzz Aldrin

Der US-amerikanische Astronaut wurde als Edwin Eugene Aldrin, Jr. geboren. Am 21. Juli 1969 betrat er 20 Minuten nach Neil Armstrong die Mondoberfläche. Armstrong machte ein Foto von ihm. Auf dem Bild spiegelt er sich selbst im Visier von Aldrins Raumanzug. Das berühmte Foto wurde häufig mit Armstrongs Namen untertitelt. Das geschah, weil es keine gute Aufnahme von Armstrong auf dem Mond gab. Die Mondlandung war das Fernsehereignis schlechthin. 500 Millionen Menschen verfolgten die Mondlandung vor den Bildschirmen.

94d) 1961

Der Befehl zum Bau der Mauer kam in der Nacht vom 12. auf den 13. August 1961. Die Abriegelung der Sektorengrenze in Berlin wurde umgehend vollzogen. Aus provisorischen Stacheldrahtbarrikaden wurden stabile Mauern und ausgeklügelte Sperranlagen mit Wachtürmen, Panzersperren und Selbstschussanlagen, die nicht nur Berlin, sondern ganz Deutschland teilten. Ein Foto ging damals um die Welt. Auf ihm springt ein junger bewaffneter Volksarmist über den Stacheldraht hinweg in den Westen.

95a) Make love – not war

Der Slogan „Make love – not war"
entstand im Zuge der Flower-Power-
Bewegung. Das ursprüngliche Motto der
Bewegung „Love, peace and happiness"
wurde durch die fortschreitende Politisie-
rung der Hippies und ihrer eindeutigen
Ablehnung des Vietnamkrieges schließlich durch den neuen Slogan ersetzt. Der
US-amerikanische Sozialkritiker George
Alexander Legman beanspruchte bereits
1963 den Spruch als seine Erfindung.

96c) Vietnamkrieg

Für die USA wurde der Vietnamkrieg zum
Trauma. Was für sie im März 1965 mit der
Landung von ein paar tausend US-Marines
in Südvietnam begann, endete mit dem

Tod von 60.000 US-Soldaten und ca. vier
Millionen Vietnamesen. Gegen die flächen-
deckende Bombardierung des Landes, den
Einsatz von Napalm und Agent Orange
und den massenhaften sinnlosen Tod von
Soldaten und Zivilisten formierte sich schon
bald ein weltweiter Widerstand, der in eine
breite Antikriegsbewegung mündete.

97d) Antibabypille

Die erste Antibabypille, umgangsprachlich
auch kurz „die Pille" genannt, kam am
18. August 1960 in den USA auf den Markt.
Ein Jahr später war das Mittel auch in
Deutschland unter dem Namen „Anovlar"
erhältlich. Aufgrund der großen Vorbehal-
te von Staat und Kirche wurde es anfangs
nur verheirateten Frauen verschrieben,
da man den Verfall von Sitten und Moral
befürchtete. Offiziell wirkte die Pille gegen
Akne und Menstruationsbeschwerden, nur
ganz am Ende des Beipackzettels fand sich
ein verschämter Hinweis auf die schwan-
gerschaftsverhütende Wirkung.

98c) Dallas

US-Präsident John F. Kennedy befand sich auf Wahlkampfreise durch Texas, wo er unter anderem für seine Wiederwahl im Jahr darauf werben wollte. Am 22. November 1963 stand Dallas, bekannt für seine eher skeptische Haltung gegenüber dem Präsidenten, auf dem Programm. Dort fuhr Kennedy im offenen Wagen vom Flughafen durch die Innenstadt Richtung Dallas Trade Mart, wo eine Rede geplant war. Kurz vor Erreichen des Ziels fielen die beiden tödlichen Schüsse. Das Attentat schockierte die ganze Welt.

99b) Helmut Schmidt

Mitten in der Nacht brachen die Deiche, und eine Flutwelle ergoss sich über weite Teile Hamburgs. Helmut Schmidt, damaliger Polizeisenator, verschaffte sich am Morgen des 17. Februar 1962 per Hubschrauber einen ersten Überblick über das Ausmaß der Katastrophe. Die Lage war ernst und Schmidt rief die Bundeswehr zur Hilfe, ein Vorgang, der gesetzlich nicht abgesichert und eindeutig verfassungswidrig war. Das schnelle und unbürokratische Eingreifen machte ihn zum „Herrn der Flut".

100d) Wunder von Lengede

Am 24. Oktober 1963 ergossen sich beim Bruch eines Klärteichs 500.000 m³ Wasser und Schlamm in den Schacht Mathilde in Lengede. 129 Bergleute befanden sich zu diesem Zeitpunkt unter Tage. 79 konnten noch am selben Tag geborgen werden, sieben am Tag darauf. Durch eine Rettungsbohrung gelangten weitere Bergmänner nach oben. Obwohl schon keine Hoffnung mehr bestand, wurden nach 14 Tagen elf tot geglaubte Kumpel wie durch ein Wunder lebend geborgen.

101c) Rudi Dutschke

Am 11. April 1968 wurde Rudi Dutschke von dem Gelegenheitsarbeiter Josef Bachmann niedergeschossen und überlebte die drei Schüsse nur mit viel Glück. Dutschke, das prominente Gesicht der deutschen Studentenbewegung, war vorher schon häufig von der *BILD*-Zeitung verunglimpft worden. Deshalb machte die Studentenbewegung sie auch für das Attentat mitverantwortlich. Die Ausschreitungen und Proteste, die auf den feigen Mordanschlag folgten, richteten sich deshalb vor allem gegen den Springer-Verlag.

102) Notstandsgesetze

Am 30. Mai 1968 wurden die Notstandsgesetze vom Deutschen Bundestag verabschiedet. Im Notfall sollten durch sie die Grundrechte eingeschränkt werden, z. B. durch die Aufhebung des Postgeheimnisses oder den Einzug zum Militär. Dagegen regte sich starker Protest, besonders vonseiten der APO (außerparlamentarische Opposition).

103) Kartoffelknappheit

Ab Frühsommer 1962 wurden in der DDR Bezugsscheine für Frühkartoffeln ausgegeben. Ernteausfälle und die Kollektivierung der Landwirtschaft hatten zu einer massiven Verknappung geführt. Kantinen wurden angewiesen, mehr Reis und Nudeln anzubieten.

104c) RAF

Die Kaufhausbrandstifter Andreas Baader, Gudrun Ensslin, Thorwald Proll und Horst Söhnlein wurden verhaftet und zu drei Jahren Zuchthaus verurteilt. 14 Monate später tauchten sie ab, als sie unter Auflagen freigelassen wurden. 1970 fasste man Andreas Baader erneut, doch schon ein paar Wochen später wurde er mit Waffengewalt befreit. Diese Befreiung, an der auch Ulrike Meinhof maßgeblich beteiligt war, gilt als Geburtsstunde der Rote Armee Fraktion (RAF), die in den Anfängen auch als Baader-Meinhof-Gruppe bezeichnet wurde.

105a) Willy Brandt

Am 21. Oktober 1969 legte der neu gewählte Bundeskanzler Willy Brandt in Bonn seinen Amtseid ab. Nach 20 Jahren an der Macht musste die CDU die Regierungsgeschäfte an die Sozialdemokraten abgeben. Eine neue Zeit brach an. Die sozialliberale Koalition von SPD und FDP regierte zwölf Jahre und brachte entscheidende Veränderungen wie die Verbesserung der Beziehung zu Polen und die Annäherung an die DDR. Das Bild von Brandts Kniefall am Ehrenmal im Warschauer Getto ging um die Welt.

Wahlen zum Deutschen Bundestag 1969

106b) Herz

Am 3. Dezember 1967 verpflanzte der südafrikanische Arzt Christiaan Barnard das erste menschliche Herz. Die Operation in Kapstadt stieß auf ein gewaltiges Medieninteresse und löste heftige Kontroversen aus. 18 Tage nach der Verpflanzung starb der Patient Louis Washkansky an einer Lungenentzündung. Auch andere Ärzte wagten sich nun an den komplizierten Eingriff. Von den 164 Patienten, die bis zum September 1970 ein neues Herz bekamen, lebten zu diesem Zeitpunkt nur noch 20.

107d) Walter Ulbricht

Am 15. Juni 1961 fand eine Pressekonferenz in Ostberlin statt. Der DDR-Staatsratsvorsitzende Walter Ulbricht forderte dort wieder einmal die Kontrolle der Flughäfen und Bahnhöfe durch die ostdeutschen Behörden, da die Zahl der Flüchtlinge aus dem Osten stetig wuchs. Auf die Frage einer Journalistin im Anschluss an seine Ausführungen verneinte er die Absicht, eine Mauer zu errichten – und das, obwohl er nicht explizit danach gefragt worden war. Knapp zwei Monate später, am 13. August, wurde mit dem Bau der Mauer begonnen.

108c) 1963

Nach dem Rücktritt von Konrad Adenauer wurde Ludwig Erhard am 16. Oktober 1963 zum zweiten Kanzler der Bundesrepublik gewählt. Zuvor war er Wirtschaftsminister, trotzdem traute ihm Adenauer das neue Amt nicht zu und wurde in seiner Meinung bestätigt. Als Bundeskanzler mangelte es dem neuen Mann an Führungsqualitäten. Er konnte sich nicht durchsetzen und verlor nach 1965, als er noch einmal wiedergewählt wurde, rapide an Ansehen. Im Dezember 1966 erklärte er dem Bundespräsidenten seinen Rücktritt.

Ludwig Erhard

109b) England

Am Morgen des 8. August 1963 wurde der königliche Postzug auf dem Weg von Glasgow nach London überfallen. Von den Tätern manipulierte Signale brachten den Zug zum Stehen. Die Räuber überwältigten den Lokführer und das Personal und flohen mit 2,6 Millionen Pfund. Die meisten Posträuber wurden bald darauf gefasst und verurteilt. Doch nicht alle „Gentleman-Räuber" saßen ihre Strafe auch ab. Ronald Biggs floh nach 15 Monaten Haft und war 36 Jahre lang auf der Flucht.

110b) vor Island

Am 14. November 1963 bemerkten Fischer vor Island einen starken Schwefelgeruch. Bald darauf fing das Meer an zu kochen, und riesige Fontänen aus Wasserdampf schossen in die Höhe. Lava und Asche folgten. Schon am nächsten Tag hatte sich ein kleiner Berg aus dem Meer erhoben. Der Berg wuchs, bis die Lava nach zwei Jahren versiegte. Surtsey, so der Name der neuen Insel, wurde zum Naturschutzgebiet erklärt. Wissenschaftler erforschen dort die Besiedelung durch Pflanzen und Tiere.

111) Jack Ruby

Jack Ruby erschoss Lee Harvey Oswald, den vermutlichen Kennedy-Attentäter, am 24. November 1963 im Polizeigebäude in Dallas. Ruby war Nachtclubbesitzer mit Kontakten zum organisierten Verbrechen und Polizeispitzel. Er wurde zum Tode verurteilt, das Urteil wurde aber wieder aufgehoben. Er starb noch vor dem zweiten Prozess 1967.

112) Kuba

Die Schweinebucht liegt an der Südküste Kubas. Ihr spanischer Name lautet „Bahía de Cochinos". Der Name bezieht sich aber nicht auf Schweine (span. cochinos), sondern auf eine karibische Fischart, die in Kuba auch cochinos genannt wird. Der gescheiterte Putschversuch von Exilkubanern 1961 wurde als Invasion in der Schweinbucht bekannt.

Vulkaninsel Surtsey vor Island

113a) Lakonia

Am 22. Dezember 1963 brannte das griechische Kreuzfahrtschiff Lakonia auf einer Weihnachtskreuzfahrt nördlich von Madeira aus. Die schreckliche Bilanz: 128 Tote. Augenzeugen berichteten später, die Besatzung wäre mit der Situation völlig überfordert und das Rettungsgerät verrottet gewesen. Bröselnde Schwimmwesten und festgerostete Rettungsboote hätten die Rettung aller Passagiere unmöglich gemacht. Spätere Untersuchungen bestätigten das.

Che-Guevara-Denkmal am kubanischen Innenministerium

114b) Che Guevara

Che Guevara organisierte 1966 in Bolivien den Bauern- und Bergarbeiteraufstand gegen die Militärregierung. Die bolivianische Armee nahm ihn am 8. Oktober 1967 gefangen. Einen Tag später wurde er ohne Gerichtsverhandlung mit neun Schüssen hingerichtet. Der Befehl für diese Exekution kam vom bolivianischen Präsidenten René Barrientos Ortuño. Der Leichnam wurde in Vallegrande heimlich begraben. Zuvor hatte man ihm die Hände zur Überprüfung der Fingerabdrücke abgetrennt. Che Guevara wurde zum Mythos.

115) Reisefreiheit für Rentner

Am 9. Dezember 1964 beschloss der DDR-Ministerrat, dass Rentner einmal pro Jahr bis zu vier Wochen in die Bundesrepublik oder nach Westberlin reisen durften, um ihre Verwandten zu besuchen. Jüngeren DDR-Bürgern wurden diese Reisen untersagt, da ihre mögliche Flucht einen Verlust an Arbeitskräften darstellte.

116) 500-DM-Schein

Am 26. April 1965 kam der 500-DM-Schein in Umlauf. Die Banknote gehörte zur dritten Serie, die von 1961 bis Anfang der 90er-Jahre ausgegeben wurde. Den Schein zierte auf der Vorderseite ein bartloses Männerporträt, auf der Rückseite war die Burg Eltz in Rheinland-Pfalz abgebildet.

117a) Apollo 11

Die Raumfahrtmission Apollo 11 war die erste, bei der eine Landung auf dem Mond vorgesehen war. Die Technik war durch frühere Apollomissionen erprobt und inzwischen so zuverlässig, dass die Unternehmung Erfolg versprechend schien. Die Mission startete am 16. Juli 1969 und endete erfolgreich mit der Wasserung der Raumkapsel am 24. Juli im Pazifik. Mit Apollo 11 entschieden die USA den Wettlauf zum Mond mit der Sowjetunion für sich, und 500 Millionen Menschen vor den Bildschirmen wurden Zeugen.

118a) Mindestumtausch bei der Einreise

Der Mindestumtausch verpflichtete Bürger aus Westdeutschland und Westberlin, bei der Einreise in die DDR einen Mindestbetrag DM in DDR-Mark zu tauschen. Die Beträge lagen 1964 bei 5 DM für Westdeutsche und bei 3 DM für Westberliner pro Tag. Kinder und Rentner waren von dieser Regelung befreit. Die Beträge änderten sich mehrmals bis zum 24. Dezember 1989. An diesem Tag wurde der Zwangsumtausch, wie er allgemein genannt wurde, abgeschafft. Zuletzt betrug die Höhe des Umtauschs 25 DM.

119c) Kubakrise

Im Sommer 1962 hatte die Sowjetunion mit der Stationierung von Atomraketen auf Kuba begonnen, um Invasionsversuche der USA, wie in der Schweinebucht ein Jahr zuvor, zu verhindern. Im Oktober 1962 eskalierte die Lage, als Präsident Kennedy mit der Invasion in Kuba drohte. Seine Forderung lautete: Der sowjetische Regierungschef Nikita Chruschtschow sollte die Raketen abziehen. Tagelang bedrohte die Gefahr eines Atomkriegs die Welt. Am 28. Oktober 1962 lenkte Chruschtschow ein und versprach den Abzug der Waffen.

120b) Kommune 1

Unter einigen Studenten wurde 1966 die These aufgestellt, dass die Familie die Keimzelle des Faschismus sei. Man wollte raus aus der Enge der Kleinfamilie und neue Formen des Zusammenlebens erproben. Anfang 1967 wurde die Kommune 1 gegründet, u. a. von Dieter Kunzelmann und Fritz Teufel. Die Kommune machte in der Folgezeit immer wieder durch Spaßaktionen wie das „Pudding-Attentat" von sich reden. Die späteren Bewohner Rainer Langhans und Uschi Obermaier wurden laut Presse zum „schönsten Paar der APO".

Rainer Langhans und Uschi Obermaier

121d) Polio

Am 15. April 1960 führte die DDR eine erfolgreiche Impfkampagne gegen Polio, auch Kinderlähmung genannt, durch. Der Impfstoff dafür war in den USA entwickelt und in der UdSSR weiterentwickelt worden. Tests verliefen erfolgreich. In der Folge sank die Zahl der Erkrankungen in der DDR drastisch. 1961 wurden nur noch vier Fälle gemeldet, in der Bundesrepublik waren es im gleichen Zeitraum über 5600 Fälle. Ab 1962 wurde die Schluckimpfung auch in Westdeutschland landesweit durchgeführt.

122d) Juri Gagarin

Am 12. April 1961 bewies der Luftwaffen-Major Juri Alexejewitsch Gagarin, dass der Mensch in der Lage ist, ins Weltall zu fliegen. Sein Flug festigte die Vormacht-stellung der Sowjetunion in Bezug auf die Raumfahrt. Vor Gagarin waren schon die Hunde Belka und Strelka sicher ins All und zurück geflogen. Die Erdumrundung im All machte den erst 27-jährigen Kosmonauten zum Helden. Den ersten Menschen auf dem Mond erlebte er nicht mehr. Gargarin starb 1968 bei einem Übungsflug.

123d) Berliner Fernsehturm

Am 3. Oktober 1969 weihte Walter Ulbricht den Ostberliner Fernsehturm ein. Mit dem 368 m hohen Gebäude, das im Volksmund den Spitznamen „Telespargel" bekam, ging zeitgleich das zweite ostdeutsche Fernsehprogramm auf Sendung und wurde in Farbe ausgestrahlt. Der Fernsehturm entwickelte sich rasch zum Anziehungs-punkt. Besonders beliebt war ein Besuch im drehbaren Café, von dem aus man ganz entspannt das vorbeiziehende Panaroma der Großstadt betrachten konnte.

124d) Lipsi

Der Lipsi wurde in Leipzig erfunden und nach dem lateinischen Namen für die Stadt (lipsiens) benannt. Die DDR-Führung verordnete den Linientanz als Gegenmaßnahme zu Rock 'n' Roll und Twist und meldete ihn sogar zum Patent an. Dies jedoch umsonst, denn trotz massiver Werbung für den Lipsi, ausgeschriebener Lipsi-Wettbewerbe, Anleitungen mit den Tanzschritten und Lehrfilmen war der Tanz bei den Jugendlichen ein Flop, und sie wehrten sich mit Sprechchören gegen die staatlich verordnete Schrittfolge.

125c) Er verriet vorzeitig den Mörder aus *Das Halstuch.*

Die Spannung erreichte vor der letzten Folge von *Das Halstuch* ihren Höhepunkt. Wer war der Mörder? Wolfgang Neuss, dessen Kinofilm *Genosse Münchhausen* gerade anlief, nutzte die Aufregung um den Krimi für Werbung in eigener Sache. Er schaltete eine Zeitungsanzeige, verriet darin den Mörder Dieter Borsche und empfahl, statt *Das Halstuch* zu sehen, den Besuch seines Films. Das Inserat löste einen Skandal aus. Wolfgang Neuss erhielt Morddrohungen, und die *BILD*-Zeitung beschimpfte ihn als „Vaterlandsverräter".

126a) Artikel

In dem *Spiegel*-Artikel *Bedingt abwehrbereit* berichtete das Magazin über ein NATO-Manöver. Zwei Wochen später wurde die Spiegel-Redaktion in Hamburg von der Polizei besetzt. Den Herausgeber Rudolf Augstein und weitere Redakteure nahm man fest. Der Vorwurf gegen sie lautete: Landesverrat und Bestechung. Das harte Vorgehen löste eine Welle der Empörung aus. Landesweit gab es Demonstrationen für die Pressefreiheit. Franz Josef Strauß, damaliger Bundesverteidigungsminister, musste aufgrund seiner Beteiligung an der Polizeiaktion zurücktreten.

Rudolf Augstein

127b) Wolf Biermann

Der Liedermacher und Lyriker wurde in Hamburg geboren, siedelte später aber in die DDR über. Seit 1960 veröffentlichte er Lieder und Gedichte, eckte dabei aber zunehmend bei der Staatsführung an. 1963 bekam er ein halbes Jahr Auftrittsverbot, 1965 folgte das nächste. Wolf Biermann durfte für elf Jahre in der DDR weder veröffentlichen noch auftreten. Seine Texte und Lieder erschienen in dieser Zeit in der Bundesrepublik. Erst 1976 trat er wieder in der DDR auf. Kurz darauf wurde er ausgewiesen.

Wolf Biermann

128a) John Steinbeck

John Steinbeck schrieb über Außenseiter, Menschen, die sich arm oder entwurzelt am Rande der Gesellschaft bewegen. Erste Erfolge hatte er mit *Früchte des Zorns*. *Jenseits von Eden*, eines seiner anspruchsvollsten Bücher, erschien 1952. Es wurde mit James Dean in der Hauptrolle verfilmt. Den Nobelpreis bekam Steinbeck 1962 „für seine einmalige realistische und phantasievolle Erzählkunst, gekennzeichnet durch mitfühlenden Humor und sozialen Scharfsinn", so die Begründung des Komitees.

129c) 1966

1966 verlieh die *Hörzu*-Redaktion die Goldene Kamera zum ersten Mal. Mit der Trophäe wurden bedeutende Fernsehleistungen von nationalen Schauspielern, Regisseuren und Filmschaffenden ausgezeichnet. Das Fernsehen selbst war gerade erst den Kinderschuhen entwachsen und die Anzahl der Gäste mit 100 Personen noch überschaubar. Inzwischen ist die Anzahl der Kategorien erweitert worden, die Zahl der Gäste um das 10-Fache gestiegen, und die begehrte Auszeichnung wird auch an internationale Stars vergeben.

130c) Valerie Solanas

Am 3. Juni 1968 schoss die radikale Frauenrechtlerin Valerie Solanas mehrmals auf Andy Warhol. Das Attentat, das in seinem eigenen Atelier, der Factory, verübt wurde, verletzte ihn so schwer, dass er unmittelbar nach der Ankunft im Krankenhaus für tot erklärt wurde. Den Ärzten gelang die Wiederbelebung. Warhol erholte sich und nutzte die mediale Aufmerksamkeit für die Vermarktung seiner Werke. Er fertigte Siebdrucke, auf denen der Attentatsrevolver zu sehen war, und ließ sich mit seinen Narben ablichten. Die Preise für seine Bilder stiegen.

Skulptur von Roy Lichtenstein in Barcelona

131a) Roy Lichtenstein

Der US-amerikanische Maler und Grafiker Roy Lichtenstein zählt zu den Begründern der Pop-Art. Zu seinem Markenzeichen entwickelten sich große Bilder mit groben Rasterpunkten. Inspiration dafür waren Alltagsgegenstände, Werbung, Illustrationen und Comics, deren Ausschnitte und Texte er veränderte. Er vergrößerte die Ausgangsbilder über eine Projektion und malte dann die sichtbar gewordenen Rasterpunkte mithilfe von Schablonen. Seine Arbeiten fanden bereits in den 60er-Jahren viele Anhänger.

132b) Frankfurter Auschwitzprozesse

Das Dokumentarstück *Die Ermittlung. Oratorium in 11 Gesängen* von Peter Weiss geht auf die Frankfurter Auschwitzprozesse von 1963–65 zurück. Als literarische Vorlage dienten die Protokolle und die täglichen Berichte über den Prozess, an dem Weiss zeitweilig selbst teilnahm, sowie Dante Alighieris Darstellung der Hölle in *Die Göttliche Komödie*. *Die Ermittlung* zeichnet den Weg eines Häftlings von der Rampe bis in die Todeskammer nach. Das Stück wurde am 19. Oktober 1965 an 15 deutschen Bühnen gleichzeitig uraufgeführt.

133c) *pardon*

Über 20 Jahre lang erschien das Satiremagazin *pardon*, bevor es 1982 eingestellt wurde. Bis dahin hatten eine Reihe prominenter Autoren und solche, die es durch das Magazin wurden, die Republik mit Spott und spitzer Feder aufs Korn genommen. Martin Walser, Hans Magnus Enzensberger, Alice Schwarzer und Günter Grass schrieben für das erfolgreiche Blatt mit dem Teufelchen im Logo. Es war das auflagenstärkste europäische Satiremagazin und Kultblatt der 68er-Generation.

134b) *BRAVO*

Die Jugendzeitung *BRAVO* erschien 1956 zum ersten Mal. Sie berichtete über Stars und führte in den 60ern eine Rubrik rund um die Themen Beziehung und Sexualität ein. Ab dem 20. Oktober 1969 beantwortete „Dr. Jochen Sommer", ein Pseudonym des Arztes und Psychotherapeuten Martin Goldstein, die Fragen der Jugendlichen rund um die Sexualität. Neben der Aufklärung sorgte der *BRAVO*-Starschnitt für Kaufanreize. Aus einzelnen Bildabschnitten ließ sich der Star nach und nach in Lebensgröße zusammensetzen. *BRAVO* war in der DDR verboten.

135a) Falk

Die Abenteuer von Falk, dem Ritter ohne Furcht und Tadel, lösten die Geschichten von Sigurd, ebenfalls einem Ritter, ab. Die Falk-Reihe begann im Februar 1960 und wurde bis zum April 1963 fortgesetzt. In dieser Zeit erschienen über 164 Piccolos (kleine Heftchen), die bis November 1967 um 119 Falk-Großbände ergänzt wurden. Der Mode der Zeit entsprechend trug Falk die Haare länger als sein Vorgänger Sigurd. Beide Helden stammen aus der Feder und dem Pinsel von Hansrudi Wäscher.

136d) *Der Weiblichkeitswahn*

Betty Friedans Buch *Der Weiblichkeitswahn* markiert den Anfang einer Emanzipationsbewegung, lange bevor Frauen für ihre Rechte demonstrierten und kämpften. In ihrem Buch ermutigte sie die Frauen, nicht nur die Rolle der Hausfrau zu übernehmen, sondern sich weiterzubilden und beruflich zu engagieren. In der Nachkriegszeit waren die Frauen an den Herd zurück gedrängt worden, wo sie sich – oftmals überqualifiziert – schnell langweilten und unzufrieden waren. Vor diesem Hintergrund entstand das Buch.

137) BHs

Bei der Wahl zur Miss America am 7. September 1968 warfen Demonstrantinnen BHs, Stöckelschuhe und Schminkutensilien in einen „Befreiungsmülleimer", der dann angeblich in Brand gesetzt wurde. Auch in Deutschland forderten Frauen mit öffentlichen BH-Verbrennungen mehr Gleichberechtigung, die Freigabe der Antibabypille und Abschaffung des Paragrafen 218.

138) Brasilia

Am 21. April 1960 löste Brasilia Rio de Janeiro als Hauptstadt ab. Die neue Stadt entstand am Reißbrett in Form eines Flugzeugs. Ministerien, Botschaften und Regierungsgebäude befinden sich im Bereich des Cockpits. Brasilia war geplant als Stadt der Zukunft, hochmodern und funktional. Ihr Bau dauerte nur 1000 Tage.

Oberster Gerichtshof in Brasilia

139b) Hans Rosenthal

Allein gegen Alle war eine Unterhaltungs-
sendung im ARD-Hörfunk. Hans Rosenthal
moderierte sie von 1963–77. In der Show,
die live übertragen wurde, spielte ein
Hörer gegen eine Stadt und durfte den
Bewohnern fünf schwierige Fragen stellen.
Dies war nicht die einzige Sendung von
Hans Rosenthal. Als Quizmaster war er in
den 50er- bis 80er-Jahren äußerst beliebt.
Viele Formate hatte er selbst entwickelt,
wie z. B. *Das klingende Sonntagsrätsel*,
Spaß muss sein, *Gut gefragt ist halb gewonnen* und *Rate mal mit Rosenthal*.

140a) Unser Dorf soll schöner werden

Der Wettbewerb ging auf eine Initiative
von Graf Lennart Bernadotte zurück, den
damaligen Präsidenten der Deutschen
Gartenbau-Gesellschaft 1822 e. V. Erklärtes
Ziel war die Verschönerung von Dörfern
und Anwesen. Der Wettbewerb, in den
Anfangsjahren häufig als „Blumenwettbe-
werb" belächelt, sollte neben dem reinen
Herausputzen des Ortes aber auch die In-
frastruktur verbessern und so die Abwan-
derung in die Städte stoppen. 1998 wurde
der Titel um „Unser Dorf hat Zukunft"
erweitert.

141c) Das Künstlerpaar Claes Oldenburg und Coosje van Bruggen

In den 60er-Jahren eroberte Claes Oldenburg die New Yorker Kunstszene. Seine ungewöhnlichen, weil so alltäglichen Skulpturen fielen auf und wurden zu seinem Markenzeichen. Er gehört zu den wichtigsten Vertretern der amerikanischen Pop-Art. Ab 1965 schuf er gigantische Objekte, viele davon mit seiner späteren Frau Coosje van Bruggen, mit der er seit 1976 zusammenarbeitete. Riesige Wäscheklammern, Eistüten, Maurerkellen oder Zahnpastatuben zieren seitdem Gebäude und Parks.

142d) Autokino

Am 29. März 1960 eröffnete das erste Autokino Deutschlands in Gravenbruch bei Frankfurt am Main. Gezeigt wurde *Der König und ich* mit Deborah Kerr und Yul Brynner in den Hauptrollen. Weitere Autokinos folgten, und das Geschäft lief gut, da die Zahl der Autobesitzer rapide stieg. Besonders Liebespärchen schätzten die Abgeschiedenheit und scheinbare Privatheit im eigenen Wagen. Mit der Verbreitung von Fernsehen und Video gingen die Besucherzahlen stark zurück und viele Autokinos schlossen.

143a) Dieter Thomas Heck

Er war bis in die 80er-Jahre das Gesicht der *ZDF-Hitparade*. Insgesamt 183 Mal moderierte er Schlagersänger und -sängerinnen mit den Worten „Hier ist Berlin" an. Besonderes Markenzeichen war sein extrem schnell gesprochener Abspann. Unbeeindruckt von Beat und Hardrock präsentierte Dieter Thomas Heck deutsche Musik im Halbplayback. Gesungen wurde live, die Musik war vom Band. Die Zuschauer stimmten per Postkarte über den besten Interpreten ab. Die *ZDF-Hitparade* erreichte ein Millionenpublikum.

144b) Friedrich Dürrenmatt

Dem Schweizer Schriftsteller und Dramatiker gelang der Durchbruch in den 50er-Jahren. Die Komödie *Der Besuch der alten Dame* aus dem Jahr 1956 sorgte für weltweites Ansehen. Seinen zweiten Welterfolg feierte er 1962 mit *Die Physiker*. Seine Theaterstücke und Kriminalgeschichten waren beliebt und ermöglichten ihm ein Leben in finanzieller Unabhängigkeit. Dürrenmatt erhielt viele Auszeichnungen, Ehrendoktortitel und Literaturpreise. Er starb 1990 an Herzversagen.

145c) Pop-Art

Mitte der 50er-Jahre entstand in den USA und zeitgleich in Großbritannien eine Kunstrichtung, die sich ganz dem Alltäglichen und Trivialen verschrieben hatte: Pop-Art. In den 60er-Jahren entwickelte sie sich zum vorherrschenden Kunststil. Die Motive für die Arbeiten stammten aus Comics, von Plakaten und generell aus der Welt des Konsums bzw. der Werbung. Bunt, schrill und riesig waren die Bilder und Objekte, die von Künstlern wie Roy Lichtenstein, Robert Indiana, Andy Warhol und Robert Rauschenberg geschaffen wurden.

Skulptur *Love* von Robert Indiana in New York City

146c) weißer Wal

Am 18. Mai 1966 wurde im Rhein von Fischern ein Wal gesichtet. Die herbeigerufene Polizei veranlasste Alkoholkontrollen. Die Fischer waren nüchtern, und den weißen Wal, einen Beluga von ca. 5 m Länge, gab es tatsächlich. Versuche des Duisburger Zoodirektors, den Wal zu fangen, scheiterten. Moby Dick, wie er genannt wurde, schwamm noch mehrere Tage den Rhein auf und ab. Erst zwei Wochen nach den ersten Fangversuchen gelang dem Wal die Rückkehr in die Nordsee von ganz allein.

147d) Oswalt Kolle

Oswalt Kolle war Journalist und Filmproduzent. Durch Zufall kam er zum Thema Sexualität und blieb diesem bis zum Ende seines Lebens treu. In den 60ern wurde er zum Aufklärer der Nation. Seine Filme wie *Das Wunder der Liebe* lockten Millionen in die Kinos. „Liebe kann man nicht lernen, Sexualität sehr wohl", lautete sein Motto. Der Kirche war er dabei genauso ein Dorn im Auge wie der Studentenbewegung, die ihn wegen seiner Haltung zur Ehe als Spießer beschimpfte. Oswalt Kolle starb 2010 in Amsterdam, seiner Wahlheimat.

148b) Volkswagen

1963 schaltete Volkswagen eine Werbe-
anzeige. Der Text darauf lautete: „Warum
werden so viele Volkswagen gekauft?
Dafür gibt es viele Gründe. Das ist der
Wichtigste." Zu sehen waren 16 Fotos von
einem VW-Käfer, der sich immer weiter
entfernte. Die witzige Werbung kam an.
Ebenfalls ein Meilenstein der Werbung
waren die Käfer-Anzeigen „Statussymböl-
chen" und „Da weiß man, was man hat".
Diese Botschaft setzte sich im Gedächtnis
der Menschen sogar so fest, dass der Satz
zu einem geflügelten Wort wurde.

149c) Tipp-Kick

Erfunden wurde das Tischfußballspiel
schon im Jahre 1923. Damals waren die Fi-
guren noch aus Blech und damit zu leicht
für einen strammen Schuss auf das geg-
nerische Tor. Erst die Weiterentwicklung
des Spiels von Edwin Mieg brachte den
Tipp-Kick-Erfolg. Nach dem „Wunder von
Bern" startete Miegs Firma richtig durch
und verkaufte 180.000 Spiele. Editionen
mit Spielern in den Nationaltrikots sowie
eine Frauen-Tipp-Kick-Mannschaft gehö-
ren inzwischen zum Portfolio des Unternehmens, das nur dieses eine Produkt
herstellt.

150d) Gummitwist

Der Twist hielt auch Einzug bei den Kinder-
spielen und wurde Namensgeber für das
beliebte „Gummihopse", wie man es in der
DDR nannte. Alles, was ein Mädchen dazu
brauchte, war ein ca. 3 m langes Gummi-
band aus Mutters Nähkasten und zwei
oder drei Freundinnen. War man nur zu
zweit, spannte man ein Ende des Gummis
um einen Stuhl oder Baum. Ein bisschen
sportlich und geschickt musste man sein,
um in der richtigen Reihenfolge fehlerfrei
über die gespannten Bänder zu hüpfen.

151c) Murmeln

Kinder haben schon immer gern mit Murmeln oder anderen runden kleinen Gegenständen gespielt. Alles, was man dazu brauchte, war ein Fleckchen Erde, ein paar Murmeln und Mitspieler. Die Murmeln, Klicker, Schusser oder wie sie sonst noch genannt wurden, spielte man von einer festgelegten Startlinie auf das Loch. Gewonnen hatte derjenige, dessen Klicker zuerst vollzählig in der Kuhle lagen. Er durfte dann von allen Mitspielern die im Spiel befindlichen Klicker einsammeln. Gespielt wurde mit Ton- oder Glasmurmeln.

152b) BMW Isetta

Die Isetta kam 1955 auf den Markt und war ab 2580 DM zu haben. Das rundliche Fahrzeug siedelte BMW zwischen Motorrad und Auto an und nannte es selbst Motocoupé. In der Isetta fanden zwei Personen Platz. Der Einstieg erfolgte über die Front. Sie wurde samt Lenkrad aufgeklappt. Die Ausstattung war spartanisch. Die durchgehende Rückbank war kaum gepolstert, und die Innenverkleidung bestand aus bedrucktem Pappkarton. Dennoch war das Gefährt beliebt und wurde für die Urlaubsreise bis in die letzte Ritze beladen.

153d) Italien

Ende der 60er unternahmen zwei Drittel aller Deutschen mindestens eine Urlaubsreise im Jahr. Begehrtes Ziel war die italienische Adria mit Orten, die so klangvolle Namen hatten wie Rimini. Wegen der vielen deutschen Sonnenhungrigen wurde die Adria auch scherzhaft „Teutonengrill" genannt. Dort lag man dann vor allem in der Sonne oder badete. Wer nicht an die Küste fuhr, verbrachte seine Ferien stattdessen am bergumschlossenen Gardasee.

154c) Automobil

Die gestiegenen Einkommen machten die Anschaffung eines eigenen Autos für viele Menschen möglich. Zwar fuhr man immer noch mit Bus, Bahn oder Fahrrad zur Arbeit, die Reise in den Urlaub wollte man aber gern mit dem eigenen fahrbaren Untersatz unternehmen. Für den kleineren Geldbeutel gab es Kleinstwagen wie das Gogomobil, wer sich mehr leisten konnte, fuhr Käfer, Opel Kadett oder sogar eine der großen Limousinen von Mercedes. Das Auto entwickelte sich zum Statussymbol und wurde hingebungsvoll gewaschen und gepflegt.

155a) Kettcar

1962 lief das erste Kettcar in Deutschland vom Band und entwickelte sich zum heiß begehrten Fahrzeug aller Jungen, die gern Rennfahrer werden wollten. Heute ist das immer noch so. Auch beim Fahrzeug selbst hat sich wenig verändert. Noch immer besteht der Flitzer aus vier Rädern, Lenkrad, Sitz und Pedalen. Der Sitz ist inzwischen gepolstert, aus der Pedalstange wurde ein moderner Kettenantrieb.Technisch hat sich sonst kaum etwas verändert. Warum auch? Das Tretauto ist immer noch ein Hit.

156b) Schwalbennest

Urlaub im Wohnwagen war sehr beliebt. Wer sich so ein Hotel auf Rädern leisten konnte, erntete so manchen neidischen Blick. Das Schwalbennest war ein Modell der Knaus AG, das 1961 auf den Markt kam. Helmut Knaus hatte erst ein Jahr zuvor die Knaus KG in Marktbreit/Main gegründet. 1962 fand der erste Caravan-Salon in Essen statt. Die Marke Knaus war zu diesem Zeitpunkt unter Campingliebhabern bereits ein Begriff. Ein weiteres Knaus-Modell, der „Südwind" aus dem gleichen Jahr, entwickelte sich zum meistverkauften Wohnwagen des Unternehmens.

157c) Trabant 601

Ab 1964 wurde der Trabant 601 in Zwickau gebaut. Die „Rennpappe", wie das Auto wegen seiner Karosserie aus Kunststoff genannt wurde, entwickelte sich in der DDR zu einer Erfolgsgeschichte. Weniger, weil er so beliebt war, sondern eher, weil die Auswahl an anderen verfügbaren Fahrzeugen so gering war. Bis zu zehn Jahre musste man unter Umständen auf seinen „Trabbi" warten. Deshalb bestellte man ihn am besten sofort mit Erreichen der Volljährigkeit. Bis 1990 lief die Produktion. Über 2,8 Millionen Trabbis hatten bis dahin das Werk verlassen.

SPRACHE

158d) italienische Motorroller

Der Name „Mods" leitet sich vom englischen Begriff „modernists" ab. Die Zugehörigkeit zu dieser Jugendgruppe wurde besonders über das Fahrzeug, einen italienischen Motorroller, ausgedrückt. Er war das Markenzeichen der Mods. Ihr „Scooter" sollte vor allen Dingen individuell aussehen. Besonders wichtig waren dafür eine Menge Rückspiegel und zusätzliche Lampen, die an jeder freien Stelle befestigt wurden. Am Wochenende unternahm man dann mit der ganzen Clique Ausfahrten ans Meer.

159c) „Vertrieb, Aufladung, Reparatur transportabler Akkumulatoren"

Hinter dem Akronym verbirgt sich ein traditionsreicher deutscher Batteriekonzern, dessen Ursprünge bis in das Jahr 1887 zurückreichen. Das Unternehmen wuchs rasch und entwickelte sich erst zur VARTA GmbH und später zur AG. Zum Portfolio gehörten schon damals Batterien aller Art sowie Taschenlampen. Mit dem Automobilboom der 60er wurden Starterbatterien von VARTA bekannt. Der seit 1957 jährlich erscheinende Varta Hotel- und Restaurantführer sorgte für zusätzliches Renommee.

160a) Sabine und Thomas

Die Hitliste der Namen änderte sich in den 60er-Jahren wenig. Sabine führte die Liste in den zehn Jahren insgsamt sechsmal an. 1962 wurde sie von Susanne verdrängt, in den Jahren 1967–69 eroberte Claudia den 1. Platz. Thomas saß noch fester im Sattel. Nur 1968 musste er das Siegertreppchen für Stefan räumen. Ein Jahrzehnt später wurden Michael und Christian die männlichen Favoriten, bei den Mädchen machten Sandra und Nicole das Rennen.

161b) Anglizismen

Mit Beginn der 60er ließ sich eine starke Zunahme von Anglizismen im Deutschen feststellen. Die Beatmusik und der Rock 'n' Roll aus den USA und Großbritannien fanden auch in Deutschland viele Anhänger. Englische Songtexte und Satzfragmente fanden ebenso Eingang in die Sprache wie die Slogans der amerikanischen Jugendlichen, die gegen den Vietnamkrieg protestierten. Seit den 60er-Jahren war Englisch in der Bundesrepublik zudem erste Fremdsprache und wurde bereits in der Grundschule gelehrt.

162b) Teenager

Sowohl der Begriff des Backfisct als auch der des Teenagers stammt ursprünglich aus dem Englischen. Mit dem Backfisch, engl. Backfish, wurden kleine Fische bezeichnet, die für den Verkauf nicht groß genug waren und wieder zurück (back) ins Meer geworfen wurden. Als Backfisch bezeichnete man Mädchen, die nicht mehr Kind, aber auch noch nicht Frau waren. Der Teenager ist da schon etwas konkreter und fasst alle Jugendlichen im Alter von 13 (thirteen) bis 19 (nineteen) unter dem Begriff zusammen.

163c) gut Schlagzeug spielen

Ein Schlagzeug durfte in den Bands der 60er-Jahre nicht fehlen. Es entwickelte sich vom reinen Rhythmusinstrument hin zu einem Soloinstrument. Gute Schlagzeuger wurden bejubelt. Der Ausdruck „ein schönes Fell klopfen" bezieht sich dabei auf die Bespannung der Trommeln mit Fell. Das Klopfen darauf erzeugt den Klang. Ein anderer Ausdruck zum Thema „Klopfen" findet sich in der Umschreibung „auf den Busch klopfen". Gemeint war, eine Information zu bekommen, jemanden auszuhorchen, etwas herauszulocken, ganz so wie der Mensch an der Trommel.

164a) Berliner Mauer

Die Berliner Mauer hatte viele Namen. Schandmauer, Klagemauer oder eben auch „antifaschistischer Schutzwall" bzw. „antiimperialistischer Schutzwall", wie sie von der DDR-Regierung genannt wurde. Der Begriff sollte verschleiern, dass die Mauer gebaut worden war, um die massenhafte Flucht der DDR-Bürger in den Westen zu verhindern. Nach DDR-Darstellung schützte die Mauer stattdessen die DDR-Bürger vor dem Eindringen der Faschisten und Imperialisten aus dem Westen.

165c) tanzbegeisterte Teenager

Der Ausdruck „Mini-Mädchen" bezog sich auf Mädchen, die gern tanzten und der damaligen Mode entsprechend, mit einem Minirock bekleidet waren. Die neue Mode mit den immer kürzeren Röcken wurde besonders gern von Teenagern und jungen Frauen getragen. Zum Tanzen boten sich viele Möglichkeiten. Neben der Tanzschule gab es eine ganze Reihe von Tanzlokalen, in denen man ungezwungen nach der neuesten Musik tanzen konnte. Tanz-Paläste, Tanz-Clubs, Beat-Clubs und Tanz-Cafés boten Raum für mehr oder weniger wilde Verrenkungen.

166d) anbohren

Wollte man mit einer jungen Frau flirten, sprach man von „anbohren". „Der steile Zahn ist dufte, ich würde ihn gern anbohren", sagte man dann beispielsweise zu seinem Freund am Kneipentisch. Neben „anbohren" war „aufreißen" in Mode, der „steile Zahn" wurde auch mit „Biene" betitelt. In einigen Regionen findet sich auch noch der sehr altertümlich anmutende Begriff „pussieren". Wer häufiger beim Flirten erwischt wurde, dem wurde dann im Bergischen Land auch schon mal hinterhergerufen: „Engel, Bengel, Pussierstängel ..."

167d) politische Informationsveranstaltung

Ein „Teach-in" war eine Form des gewaltlosen Protestes an Hochschulen. Die Studenten trafen sich zu Diskussionen, Vorlesungen und Vorträgen zu einem politischen Thema. Missstände sollten aufgedeckt und abgestellt werden. „Teach-ins" fanden zuerst an amerikanischen Universitäten statt. In Deutschland wurden sie während der Studentenunruhen populär. Neben den „Teach-ins" etablierten sich „Go-ins" und „Sit-ins" als weitere Protestformen, bei denen Hochschulen, öffentliche Plätze und Einrichtungen von Studenten besetzt und blockiert wurden.

168a) „Unter den Talaren – Muff von 1000 Jahren"

Mit diesem Spruch, der auf einem Transparent zu lesen war, protestierten die Studenten Detlev Albers und Gert Hinnerk Behlmer am 9. November 1967 im vollbesetzten Audimax der Universität Hamburg. Anlass für das Banner war die feierliche Rektoratsübergabe. Mit dem Slogan wollten die beiden Studenten auf die ausgebliebene Aufarbeitung der NS-Verbrechen hinweisen sowie mehr Mitspracherechte für Studenten und demokratische Strukturen an der Uni einfordern.

169c) Husch, husch, die Waldfee!

Mit dem Ausruf „Husch, husch, die Wald-fee!" trieb man früher Kinder an, sich zu beeilen. Die Herkunft dieses Satzes ist nicht eindeutig zu klären, geht aber mög-licherweise auf Märchenerzählungen zu-rück. In ihnen finden immer wieder über-raschende Begegnungen mit Waldelfen, Nymphen oder Feen statt, die plötzlich auftauchen, genauso schnell aber auch wieder verschwinden. So existiert noch ein zweiter Ausruf „Holla, die Waldfee!", der das Überraschungsmoment beschreibt.

170a) verheddertes Magnetband

Mit Bandsalat bezeichnete man ein Magnetband, das sich in der Mechanik des Kassettenrekorders verheddert hatte. Manchmal ließ sich das Band und damit das Hörspiel oder die Lieblingsmusik noch retten. Dazu musste man das Band vorsich-tig aus den Rädchen des Rekorders ziehen, wieder sortieren, glattstreichen und anschließend mit einem Bleistift in der Spule wieder aufrollen. Bandsalaterprobte waren sogar in der Lage, ein gerissenes Band mit Tesafilm so zu kleben, dass es abspielbar blieb.

171b) Brathähnchen

Bestellte man in der DDR einen Broiler, bekam man ein Grill- bzw. Brathähnchen serviert. Ab 1961 wurden Broiler aus ameri-kanischer Produktion über den Umweg Bul-garien in der DDR verkauft. So verwundert es auch nicht, dass der Name des beliebten Geflügels auf das englische Wort „broil" für braten oder grillen zurückgeht. Ursache für den Import war der Umstand, dass es der DDR selbst nicht gelang, den hohen Fleischkonsum zu decken und fleischreiche Hähnchen zu züchten. In Westdeutsch-land wurden Hähnchen auch Gummiadler genannt.

172d) Establishment

Der Begriff „Establishment" wurde in den 60er-Jahren zum Schlagwort. Vorwiegend benutzt von der Studentenbewegung, drückte man mit dem Wort sein Misstrauen gegenüber den alten Autoritäten und herrschenden Kräften aus. Sie standen für ein System, das auf den eigenen Machterhalt und die Unterdrückung der weniger Privilegierten ausgerichtet war und verändert werden sollte. Dieser Veränderungswille schloss das Private mit ein, weshalb man den Spruch zu hören bekam: „Wer zweimal mit derselben pennt, gehört schon zum Establishment."

SPORT

173b) Lufthansa-Cocktail

Die Lufthansa schenkte in der Ersten Klasse bis in die 60er hinein ein neuartiges Mixgetränk aus. Champagner wurde zusammen mit Orangen- und Aprikosenlikör gemischt. Der Lufthansa-Cocktail war geboren. Anfang der 60er-Jahre füllte ihn die Carl Mampe AG, die den Drink herstellte, in Flaschen ab. So kam auch der Normalbürger ohne Erste-Klasse-Ticket in den Genuss des exklusiven Getränks.

174c) 1. FC Köln

1963 wurde die Fußball-Bundesliga gegründet. Der erste Spieltag war am 24. August 1963. Fast 327.000 Zuschauer verfolgten das Geschehen direkt in den acht Stadien. Der 1. FC Köln zählte zu den klaren Favoriten auf den Titel. Der Verein arbeitete bereits sehr professionell mit eigenem Torwarttrainer, war sehr gut organisiert, und auch die Sportanlagen waren optimal. So war es nicht überraschend, dass Köln erster Meister wurde. Die Mannschaft siegte überlegen mit sechs Punkten Vorsprung.

175d) England

Das Endspiel zwischen Deutschland und England fand am 30. Juli 1966 im Londoner Wembley-Stadion statt. Das Spiel war bereits in die Verlängerung gegangen, als der englische Stürmer Geoff Hurst den Ball an die Unterkante der Latte schoss. Das Leder sprang nach unten auf die Linie oder kurz dahinter. Der Schweizer Schiedsrichter entschied auf Tor, und England führte damit 3:2. Sie siegten mit 4:2 und wurden Weltmeister. Der wohl umstrittenste Ball des ganzen Turniers ging als „Wembley-Tor" in die Fußballgeschichte ein.

176a) Schweden

Am 26. September 1965 fand in Stockholm das Länderspiel Deutschland gegen Schweden statt. Für Deutschland entschied der Ausgang des Turniers über die Teilnahme an der Weltmeisterschaft 1966. Das Hinspiel hatte nur mit einem Unentschieden geendet, Deutschland brauchte einen Sieg. Helmut Schön, gerade Bundestrainer geworden, setzte den jungen und noch unerfahrenen Beckenbauer ein, der damit sein Debüt in einem A-Länderspiel gab. Deutschland siegte 2:1 und konnte an der WM teilnehmen.

177b) Jacques Piccard

Am 23. Januar 1960 erreichte Jacques Piccard den tiefsten Punkt der Weltmeere, den Marianengraben. Zusammen mit seinem Vater Auguste Piccard hatte er ein Tauchschiff konstruiert, das dem gewaltigen Wasserdruck standhalten konnte. Die „Trieste" war in vielen Tauchgängen erprobt und brachte Piccard zusammen mit dem US-Marineleutnant Don Walsh bis auf den Grund des Grabens in eine Tiefe von 10.916 m. Erst 2012 tauchte wieder ein Mensch so tief. Es war der Regisseur James Cameron.

178c) Wolfgang Graf Berghe von Trips

Das Herz des Grafen schlug schon als Kind für Autorennen. Seine ersten Rennen fuhr er heimlich und unter falschem Namen. Seine Begabung für diesen Sport machte ihn schnell zu einem überaus erfolgreichen Rennfahrer. Er gewann ab Mitte der 50er-Jahre viele Rennen. Mit einem Sieg in Monza 1961 hätte er als erster Deutscher Formel-1-Weltmeister werden können. Doch ein verheerender Unfall in der zweiten Runde kostete ihn und 14 Zuschauer am 10. September 1961 das Leben.

Statue am Nürburgring

179c) Cassius Clay

Mit zwölf Jahren boxte Cassius Clay zum ersten Mal. Seine Beweglichkeit und gute Verteidigung verhalfen ihm zu einer sagenhaften Boxkarriere, in der er schon zu Beginn alle nationalen Titel gewann. 1960 folgte die Olympische Goldmedaille im Halbschwergewicht, 1964 wurde er Boxweltmeister. Da es ihm nicht an Selbstbewusstsein mangelte, bekam er schon bald den Spitznamen „Großmaul". 1965 verweigerte er den Kriegsdienst, trat der militanten Sekte „Black Muslims" bei und nannte sich fortan Muhammed Ali.

180b) Robin Knox-Johnston

Im Jahr 1968 lobte die britische Tageszeitung *Sunday Times* 5000 Pfund für denjenigen aus, der am schnellsten nonstop die Welt umrundete. Der Brite Robin Knox-Johnston segelte auf seiner nur knapp 10 m langen Ketsch Suhaili in 312 Tagen um die Welt. Am 22. April 1969 lief er als Erster im Hafen von Falmouth (Cornwall) ein. Er war damit der erste Mensch, der nonstop und Einhand die Welt umrundet hatte. Die englische Königin schlug ihn für diese Leistung zum Ritter.

181d) Matra-Ford

Bis 1967 war Jackie Stewart im B. R. M. unterwegs, dann wechselte er zum neu gegründeten Matra-Team. Die Erfolge stellten sich schnell ein, und Steward gewann 1968 den Großen Preis von Deutschland auf dem Nürburgring. Trotz starken Regens, der zwischenzeitlich das gesamte Rennen gefährdete, deklassierte er seine Konkurrenten mit vier Minuten Vorsprung. Ein Jahr später, 1969, gewann er sechs Rennen und seine erste Weltmeisterschaft. Im selben Jahr wurde Matra-Ford Konstrukteur-Weltmeister.

182a) Willy Bogner

Willy Bogner junior gewann mit 17 Jahren als erster Deutscher das berühmte Internationale Lauberhornrennen. Von da an machte er sich einen Namen als Skirennfahrer. Er wurde 1962 Studentenweltmeister, 1966 deutscher Meister und war von 1960–64 Mitglied der deutschen Olympiamannschaft. Willy Bogner war ebenfalls leidenschaftlicher Filmemacher, drehte die Skiszenen für James-Bond-Filme und erhielt mehrere Fernsehpreise. Nach seiner aktiven Sportkarriere entwickelte er unter dem Label „Willy Bogner" Ski- und Sportmode.

183d) Alwin Schockemöhle

Alwin Schockemöhle gehörte zu den erfolgreichsten Springreitern der 60er- und 70er-Jahre. 1960 errang er zusammen mit Fritz Thiedemann und Hans Günter Winkler olympisches Mannschaftsgold. 1968 erkämpfte er mit der deutschen Mannschaft die olympische Bronzemedaille in Mexiko. In den 70ern kamen weitere Titel hinzu. 1977 beendete er seine aktive Zeit als Reiter aufgrund von Rückenproblemen, blieb dem Pferdesport jedoch treu. Er betreibt eine erfolgreiche Traberzucht.

184b) Gustav „Bubi" Scholz

Gustav Bubi Scholz fing in den 40er-Jahren an zu boxen und stieg gleich in das Profigeschäft ein. Seine größten Erfolge feierte er Ende der 50er, Anfang der 60er. Bubi Scholz wurde zu einer Identifikationsfigur, keiner verkörperte den Aufstieg aus eigener Kraft so wie er. Von 96 Kämpfen gewann er 88, davon allein 46 durch K. o. Er war Deutscher Meister und Europameister. 1984 erschoss er seine Ehefrau durch die geschlossene Toilettentür und musste für knapp drei Jahre ins Gefängnis.

185c) Rudi Altig

In den 60er-Jahren gewann der Radprofi viele entscheidende Rennen und erreichte gute Platzierungen. Zum Ende seiner Karriere 1971 hatte er insgesamt acht Touretappen gewonnen, war 1962 Sieger der Vuelta de España und fuhr bei der Tour Mailand-San Remo und der Flandern-Rundfahrt aufs Treppchen. 1964 und 1970 gewann er die Deutschen Straßen-Rad-Weltmeisterschaften. 1969 wies man ihm Doping nach und gab ihm aufgrund seines eher entspannten Umgangs mit Medikamenten den Spitznamen „Radelnde Apotheke".

186c) Leichtathlet

Armin Hary spielte Handball und machte Zehnkampf, bevor er zur Leichtathletik wechselte. 1960 lief er mit 10,0 Sekunden Weltrekord. Mit der Anerkennung dieser fabelhaften Zeit tat man sich allerdings schwer. Hary war diese Zeit schon einmal 1958 in Friedrichshafen gelaufen. Damals hatte man die Zeit wegen des zu starken Gefälles der Bahn nicht anerkannt. Am 21. Juni 1960 in Zürich lief er gleich zweimal Rekord. Der erste Lauf wurde wegen eines angeblichen Fehlstarts nicht gewertet, erst die Wiederholung machte ihn zum schnellsten Mann der Welt.

187c) Tiefkühlkost

Die Zahl der Elektrogeräte in deutschen Haushalten stieg kontinuierlich. Nach Kühlschrank und Waschmaschine stand die Tiefkühltruhe ganz oben auf der Liste der Hausfrauenwünsche. Immerhin versprach die Zubereitung von Tiefkühlkost mehr Zeit für die Familie. Sie war kostbar, da auch immer mehr Frauen Arbeit, Haushalt und Kindererziehung unter einen Hut bringen mussten. Tiefkühlprodukte kosteten zwar mehr als frische Waren, dafür gab es nun auch außerhalb der Saison knackige Gemüse im Angebot.

188b) Bier

Bier war der Durstlöscher Nummer eins in Deutschland. Der Konsum war seit den 50ern kontinuierlich gestiegen. Betrug der durchschnittliche Verbrauch 1950 noch 35,6 l pro Person, stieg er bis 1964 auf über 120 l an. Auch im europäischen Vergleich war der deutsche Durst auf Bier enorm. Die Schweden tranken z. B. nur ein Viertel der Menge, und selbst die angeblich so trinkfesten Briten konsumierten ein Drittel weniger. Aber auch Wein, Sekt und Schnaps fanden so regen Zuspruch, dass der *Spiegel* bereits 1960 vor dem Alkoholismus in Deutschland warnte.

189d) Götterspeise

Sie war der 60er-Jahre-Nachtisch schlechthin: Götterspeise. Den Wacklpudding gab es in den Farben Gelb, Rot und Grün. Die Farben entsprachen den Geschmacksrichtungen Zitrone, Kirsche und Waldmeister. In der DDR wurde das Produkt unter dem Namen „Wackelpeter" verkauft. Die glibberige Süßspeise gab es schon seit den 20er-Jahren, nun feierte sie ein grandioses Comeback auf Buffetts und bei Kindergeburtstagen.

190c) in den Wienerwald

Der Slogan „Heute bleibt die Küche kalt, wir gehen in den Wienerwald" spukt seit Jahrzehnten durch die Köpfe derer, die dort in den 60er- und 70er-Jahren Backhendl aßen. Lange bevor es amerikanische Fastfoodketten in Deutschland gab, bot der österreichisch-schweizerische Unternehmer Friedrich Jahn Gerichte frisch vom Grill an und schuf damit ein Grillhähnchen-Imperium. Das rustikale Ambiente der Restaurants und der erschwingliche Preis der Speisen zogen vor allem Familien an. Alle Gerichte gab es auch zum Mitnehmen in einer gelben Tüte mit grünem Huhn darauf.

191d) Tomaten-Fliegenpilze

Sie durften auf keiner Party in den 60er-Jahren fehlen. Die Zubereitung war denkbar einfach. Den Tomaten schnitt man die Deckel ab. Das Fruchtfleisch wurde herausgelöffelt, um Platz für den Fleischsalat zu schaffen, mit dem die Tomate gefüllt wurde. Den Deckel setzte man wieder auf. Zum Schluss gab man aus einer Tube Mayonnaise weiße Tupfen auf den Deckel. Fertig war der Fliegenpilz. Für die „Light-Version" ersetzte man den Stil des Pilzes durch ein hartgekochtes Ei.

192a) afri cola

Als sich Coca-Cola in den 60ern immer mehr Marktanteile sicherte, starteten die Kölner Hersteller von afri cola eine aufsehenerregende und überaus erfolgreiche Werbekampagne. Hinter vereisten Scheiben rekelten sich dürftig bekleidete Frauen mit laszivem Blick, Flower-Power-Mädchen tanzten, und junge Nonnen tranken von der Welt scheinbar entrückt die koffeinhaltige Brause. Doch damit nicht genug. Begleitet wurde der Spot von einem „infernalischen Getöse". Das Konzept ging auf, der Umsatz von afri cola stieg um über 30 %.

193c) Königinpasteten mit Ragout fin

In den 60er-Jahren war das Ragout fin ein Klassiker. Rezepte für die gefüllte Blätterteigpastete fanden sich in jedem Kochbuch, und das Gericht gehörte zum Repertoire jeder Hausfrau. In Abhängigkeit vom Geldbeutel bestand die Füllung wahlweise aus Kalb- oder aus Hühnerfleisch. Oft genug kam sie allerdings auch fertig aus der Dose. Fertige Pasteten konnte man beim Bäcker kaufen. Es gab auch tiefgekühlte Platten, die im Backofen auf wundersame Weise in die Höhe krochen und eine frisch gebackene Pastete ergaben. Mit der aufgewärmten Fertigfüllung war im Handumdrehen eine feine Mahlzeit auf dem Tisch.

194b) TRi TOP

In den 60er-Jahren standen in vielen Haushalten die Flaschen, welche in ihrer Form an eine Lavalampe erinnerten. Sie waren mit quietschend buntem Sirup in verschiedenen Geschmacksrichtungen gefüllt. Grün mit Waldmeister-, rot mit Kirsch- oder orange mit Mandarine-Geschmack. Verdünnt wurde er mit Leitungswasser und war je nach Mischungsverhältnis einmal süß, eimal fruchtig. Fertige Limonaden wie Sinalco waren teuer und wurden deshalb in vielen Familien nur zu besonderen Anlässen gekauft.

195b) Eisdielen

Mit dem Gastarbeiterzustrom kamen auch viele Italiener nach Deutschland. Ein regelrechter Boom an italienischen Restaurant- und Eisdielengründungen setzte ein. Die Deutschen, aus dem Urlaub mit Gelati aus Italien vertraut, standen Schlange. Sorten wie Malaga oder Pistazie zergingen nicht nur wegen ihres klangvollen Namens auf der Zunge. Mit der handgerollten eisgefüllten Waffeltüte in der Hand erlebte man den letzten Italien Urlaub so gleich noch einmal.

196a) Brunch

Das Wort „Gabelfrühstück" ist dem französischen „déjeuner à la fourchette" entlehnt. Es bezeichnet eine Mahlzeit, die nur im Stehen mit einer Gabel gegessen wird. Der Duden definiert es als „ein bei besonderen Anlässen eingenommenes zweites Frühstück am späten Vormittag. Zu alkoholischen Getränken werden pikant zubereitete kalte Speisen gereicht". Beim heutigen Brunch sieht man das nicht gar so eng. Neben kalten Gerichten findet sich auch immer eine Auswahl an warmen Speisen.

197d) Salzletten

Salzstangen beziehungsweise Salzletten durften auf keiner Party fehlen. Die Firma Bahlsen verkaufte die beliebte Knabberei in roten Dosen. Den Gästen bot man sie in trendigen Gestellen an, die eigens dafür konstruiert und hergestellt wurden. Auch für die anderen Knabbereien gab es spezielle Behältnisse, wie beispielsweise eine Nusskanne. Der Umsatz an Knabbereien stieg in den 60er-Jahren beständig. Die Snacks verzehrte man am liebsten vor dem Fernseher.

198c) Toast Hawaii

Die holländische Werbefigur „Frau Antje" machte den deutschen Hausfrauen den Toast Hawaii schmackhaft. Im Fernsehen demonstrierte sie 1961 die Zubereitung der Käseschnitte. Statt Scheibletten kam natürlich holländischer Käse auf den Toast. Die Kombination mit exotischer Ananas, Kochschinken und roter Cocktailkirsche schien gewagt, traf aber den Geschmack der neuen Wohlstandsgesellschaft. Die Namensgebung weckte Sehnsüchte nach fernen Ländern. Da konnte die „Karlsbader Schnitte" nicht mithalten, die alternativ mit einem halben Pfirsich bestückt wurde.

199a) Kalter Hund

Der Kekskuchen ist seit den Wirtschaftswunderjahren ein Klassiker, der auch in den 60er-Jahren bei Kaffeekränzchen und auf Geburtstagstafeln nicht fehlen durfte. Der Name „Kalter Hund" geht zum einen auf die Form der Grubenwagen im Bergbau zurück. Sie heißen „Hunt" und erinnern an die Kastenform, in der der Kuchen zubereitet wird. Zum anderen bezieht sich der Name darauf, dass der Kuchen nicht gebacken, sondern gekühlt wird. Hauptbestandteile der süßen Leckerei sind Kekse, Kakao und Kokosfett.